新形势下高校学生管理工作的创新研究

刘嫔妮 ◎ 著

吉林出版集团股份有限公司

图书在版编目（CIP）数据

新形势下高校学生管理工作的创新研究 ／ 刘嫔妮著

. — 长春：吉林出版集团股份有限公司，2022.7

ISBN 978-7-5731-1643-7

Ⅰ．①新… Ⅱ．①刘… Ⅲ．①高等学校－学生－学校管理－研究 Ⅳ．① G645.5

中国版本图书馆 CIP 数据核字（2022）第 115455 号

新形势下高校学生管理工作的创新研究

著　　者	刘嫔妮
责任编辑	滕　林
封面设计	林　吉
开　　本	787mm×1092mm　　1/16
字　　数	200 千
印　　张	9
版　　次	2022 年 7 月第 1 版
印　　次	2022 年 7 月第 1 次印刷

出版发行　吉林出版集团股份有限公司

电　　话　总编办：010-63109269

　　　　　　发行部：010-63109269

印　　刷　北京宝莲鸿图科技有限公司

ISBN 978-7-5731-1643-7　　　　　　　　　定价：65.00 元

前言

百年大计，教育为本。要实现全面建设小康社会和中华民族伟大复兴的宏伟目标，必须坚持实施科教兴国战略和人才强国战略，把教育摆在现代化建设优先发展的战略地位。"谁掌握了面向21世纪的教育，谁就能在21世纪的国际竞争中处于战略主动地位。"中央提出了重点建设若干所世界一流大学和一批高水平大学，这是关系国家整体利益和21世纪中华民族前途命运的重大决策。高水平大学是培养高层次人才的主要阵地，其培养的目标是具有创新精神和实践能力的高级人才，而科学、规范的学生管理是实现这一目标的重要保证。

近年来，在党中央、国务院的正确领导下，教育事业实现了跨越式发展，教育改革取得了突破性进展，国民受教育程度逐步提高。但是，教育面临的挑战依然十分严峻，整体水平离实现全面建设小康社会目标还有很大差距。加之高校连续扩招，学生数量迅速增长，新生素质构成趋向复杂化，也使高校学生的日常管理和思想政治教育的工作量相应增大；同时，市场经济的发展，高校体制改革、收费制度的实行、就业方式的转换、学分制的施行等给大学生的思想观念、价值取向带来了影响，也给学生管理理念、模式等带来了问题。

所有这些新情况、新问题都迫切要求高校学生管理者总结经验，探索适应不同类型高校的学生管理模式。

本书首先分析了我国高校学生管理的内涵、存在的问题，系统地梳理了我国高校学生管理的思想和原则以及任务和方法；其次，通过对不同类型的高校学生管理模式的分析，探究了高等教育大众化背景下的高校学生管理工作；最后，面对当前我国高校学生管理模式的一些问题，提出了创新我国高校学生管理模式的一些对策。在管理理念上，建议学生工作者服务和引导并重，树立以学生为本的思想，注重体现学生的主体地位。在学生管理手段上，实行多样化的学生管理模式等。

由于编者水平有限、时间仓促，书中不足之处在所难免，望各位读者、专家不吝赐教。

目　录

第一章　绪　论

　　高校是培养社会主义事业接班人的重要基地和摇篮。我们必须始终坚持社会主义办学方向，把德育放在首位，为我国社会主义现代化建设多出人才、出好人才。培养社会主义现代化建设事业的合格人才是一项十分复杂而庞大的系统工程。它要求调动学校各方面的积极性，齐抓共管，共同努力。而发挥高校学生工作专职人员的作用，加强对大学生的教育和管理，是高校学生管理工作的切入点和着力点。

第一节　高校学生管理内涵

一、内涵

　　高校学生管理是高等学校领导和管理人员，为了实现高等学校学生的培养目标，按照国家的教育方针和各项政策法令，科学有计划地组织、指挥、协调学校内部的各种因素——人、财、物、时间、信息等，并对其进行预测、计划、实施、反馈、监督等的一门管理科学。高校学生管理作为学校管理的重要组成部分，具有十分广泛而深刻的内涵。首先，它要研究管理对象（青年大学生）的生理、心理特征，知识、能力结构，兴趣爱好及社会氛围对他们的影响，掌握他们的思想变化及教育管理的规律；其次，它要研究管理者本身（即学生工作专职人员）必备的思想、文化、理论及业务素质，以及这些素质的培养和管理队伍的建设；最后，它还要研究学生管理的机制和一般管理的原则、方法，以及学生在学习、生活、课外活动、思想教育中的具体管理目标、原则、政策、法规等。

二、研究的内容

　　高校学生管理是一项教育工作，具有教育科学所包含的规律；它也是一项具体的管理工作，具有管理科学所包含的规律。我们认为，大学生管理是高等教育学和管理学交叉结合产生的一门综合性应用学科，同所有的管理科学一样，研究的主题是效率，当然，具体研究的课题是大学生管理的效率——最有效地达到大学生的培养目标。中国大学生管理就是要寻求按照党和国家的教育方针，实现培养德、智、体诸方面发展的专门人才的最佳方案、最佳计划和决策、最佳管理体制和组织机构、最佳操作程序。它涉及很多学科：马克思主义哲学、高等教育学、社会学、心理学、管理学、行政学、统计学、控制论、信息论、系统论等。因此，研究中国大学生管理必须广泛运用各种有关的科学理论来分析研究我国大学生的管理实践，使我们的管理建立在真正的科学理论之上，这样才能使从事学生管理工作的人员用科学的管理指导思想和科学的管理手段进行有效的管理。

三、管理过程中要处理好的关系

第一，学生管理与规章制度的关系。高校学生管理要通过制定并实施必要的规章制度来实现。教育部根据党和政府的教育方针、青年大学生成长的特点以及长期以来的工作经验，已经制定了《普通高等学校学生管理规定》，这是对大学生进行科学管理的一个基本的法规性文件。各高校也结合自己的实际情况，整章建制，制定了一系列的规章制度。学生管理的实践反过来又丰富了规章制度的内容，使之更全面化、科学化。第二，学生管理与思想政治教育的关系。在强调管理工作重要意义的同时，不要忘记思想政治教育的重要保证作用。任何只强调严格管理而忽视思想政治教育，或只强调思想政治教育而置规章管理于不顾的做法，都是片面的、不可取的。因为管理也是教育的一种手段，教育又能保证管理的推行和实施，所以，只有把严格管理与思想政治教育有机结合起来，才能使学校工作真正走上井然有序的轨道。这已为实践所证明。

第二节　高校学生管理的指导思想与原则

一、高校学生管理的理论根据和指导思想

科学的管理对提高管理效率、优化教育质量具有十分重要的意义；科学的管理有赖于符合客观实际的、法制化的、人性化的管理规章制度，而这一切都离不开科学的管理思想。科学的学生管理思想分三个层次：一是作为认识理论的管理思想；二是作为管理应遵循的基本原则；三是在实际操作中所运用的具体方法。

（一）管理思想

所谓管理思想，是指"关于管理的观点、观念或理论体系，是管理理论和实践的结合在人们头脑中的反映"。管理思想对管理工作起指导作用，它随着人类社会及其管理活动的产生、发展而产生和演变。古代朴素的管理思想兴盛于中国、古巴比伦和印度等。约公元前1776年，古巴比伦《汉谟拉比法典》颁布的二百八十二条法律，体现了远古法规管理思想。中国在公元前1100多年，出现集权管理思想，后有历代的"人治""法治"及"知人善任"等管理思想。19世纪后，随着机器大生产的兴起，欧洲出现古典科学管理思想以及法约尔的管理原则与过程理论等。从20世纪20年代开始，出现了人际关系行为管理思想。20世纪60年代后，出现了诸多管理学派，管理思想纷繁，被喻为进入了管理理论的"丛林时期"。

高校学生管理属于教育管理的范畴，其管理思想理应与教育管理思想同类，这是一个极为复杂的理论课题。它应该也必须规定出自己的理论前提，也就是要与某种思想理

论联系起来,以确立自己的基本方向。从哲学的层面看,高校学生管理思想主要包括四个方面的内容:

1. 运用相互联系的管理思想

高校学生管理是一种复杂的社会现象,从宏观上分析,高校与社会、家庭和时代是联系在一起的,大学生当然也不是孤立于社会、与世隔绝的。所以,高校学生管理牵涉到社会、家庭,影响着时代,同时也受时代或者说历史条件的限制。

从微观方面来看,高校学生管理诸要素之间也是相互联系、相互制约的,如管理与学习的关系、管理与教育之间的关系、管理与服务之间的关系、管理过程与管理结果之间的关系等,都是相互影响、相互制约的。

2. 运用动态平衡的管理思想

管理是一个过程,这一过程是在不断发展变化的,既受大的政治、经济和文化变化的影响,又受高校本身物力、财力及办学思路变化的影响。一切都在变化中,管理工作也处在不断完善与发展之中。同时,作为管理对象的大学生和研究生的人格、思想、行为也在学生管理过程中得到逐步发展与完善,所以把动态平衡的管理思想运用于管理工作中,就必须有发展的观点,要有与时俱进的勇气,立足现实,着眼未来,不断地分析和研究新的情况,解决新的问题。

3. 运用对立统一的管理思想

在高校的学生管理活动中,客观存在着各种矛盾关系,需要运用对立统一规律方法论的管理思想对这些问题和矛盾进行分析研究并最终予以解决。例如,管理者与管理对象之间的矛盾,教育、服务与管理之间的矛盾关系等。

4. 运用实践探索的管理思想

实践是检验真理的唯一标准,同时,实践又是正确认识的主要来源。高校学生管理是一门实践性很强的科学,有很强的操作性要求。因此,我们在开展高校学生管理工作时,一定要有实践意识,要有探索创新的勇气,并将实践过程中形成的好的经验提升到理论的高度,从而在整体上指导学生管理工作的新实践,如此反复,以至无穷,以推动学生管理工作不断提升水平。

(二)指导思想

研究我国高校学生管理,主要应注意运用以下几个方面的理论观点和指导思想:

第一,坚持马克思主义关于人的全面发展的理论,培养有理想、有道德、有文化、有纪律的全面发展的高级专门人才,是我国社会主义大学的根本任务。做好研究工作首先要解决"为谁培养人"和"培养什么人"的问题。我国社会主义大学的性质决定了我们必须确保学校培养出来的毕业生,不仅要有扎实的科学文化知识和健康的体魄,而且必须具有高度的社会主义觉悟,也就是要有理想、有道德、有文化、有纪律。要培养这样的新人,就必须按照马克思主义人的全面发展的教育思想办教育。马克思主义教育思想的核心就是关于人的全面发展的学说。培养德、智、体全面发展的建设者和接班人的教育方针，是马克思主义这一理论精髓的具体运用。邓小平同志提出：教育要面向现代化、面向世界、面向未来，培养有理想、有道德、有文化、有纪律的社会主义"四有"新人。江泽民同志也指出：把"促进人的全面发展"作为我们社会主义各项事业追求的目标。这些理论都是对马克思主义关于人的全面发展学说的继承、丰富和发展，是党和国家的教育方针的具体化。我们要把培养全面发展的"四有"人才作为我们的根本任务和落脚点。

第二，运用马克思主义关于辩证唯物主义的理论，用对立统一观点指导高校学生管理，在管理中坚持整体观。马克思主义辩证唯物主义哲学是一切社会科学和自然科学的理论基础。马克思主义的认识论和方法论，渗透于所有社会科学和自然科学之中，所以，也同样渗透于高校学生管理科学之中。要运用对立统一观点，坚持管理整体观。在纵向上，坚持整体观就是局部与整体的统一，从学生管理工作的整体系统看，组成这个有机整体的各部分又都是一个支系统，是局部。学生管理系统的整体功能是由各部分的组合形式决定的，虽然支系统都各具有特定功能，但它们都应服从学生管理系统整体的目的和功能，各个支系统的要素都是为了整体目的而建立的。在横向上，坚持整体观就是处理好各支系统之间的分工与合作的一致性，把各部门都协调到为培养全面发展的人才这一共同的管理目标上来。

第三，运用高等教育和现代管理科学理论指导高校学生管理，使大学生管理科学化。现代治校观念要求我们靠现代科学来管理学校、管理学生。具体说来：一要靠教育科学，要遵循教育的外部规律与内部规律办事。比如，高等教育的规模为一定的经济基础所决定，反过来又作用于一定的经济基础。高等院校作为高等教育的主要载体和平台，人才、资源、市场面临着越来越激烈的竞争，理念、体制、结构也面临新的变革和调整。高校要准确把握社会脉搏，直接面对市场办学。大学生管理也要研究新情况，解决新问题，面向21世纪培养高素质的复合型人才。二要靠运用现代管理科学的理论与方法进行管理，使学生管理队伍的组织机构严密，管理制度科学，人员分工合理，职责范围明确，奖惩分明，动作协调，工作高效等。运用现代管理科学指导学生管理主要是运用它的基本原理：系统整体性原理、要素有用性原理、动态相关性原理、人的能动性原理、规律效应性原理、时空变化性原理、信息传递性原理、控制反馈性原理等。我们应在管理实践中力争使管理组织系统化、管理决策科学化、管理方法规范化和管理手段现代化。

第四，继承和发扬我国多年来高校学生管理的成功经验，中华人民共和国成立后至今的高校学生管理工作的成功经验是当今学生管理工作的宝贵财富。首先，社会主义大学必须坚持中国共产党的领导，坚持社会主义方向，这是我国多年来办大学的一条基本经验。坚持党的领导就是用党的路线、方针、政策作为社会主义大学管理的基本指导思想，就是要确保社会主义大学的社会主义方向，调动全校师生员工的积极性，为培养德、智、体全面发展的高级专门人才努力奋斗。坚持社会主义方向，是由我国大学的社会主义性质所决定的,一切管理工作都要根据党的路线、方针、政策去组织、实施,各项规章制度的制定都要有利于坚持"一个中心、两个基本点",有利于调动广大师生的社会主义积极性,这是衡量管理功能与效益的基本点。其次,管理工作规范化、制度化,即把符合社会主义方向的,又经过实践检验、比较成熟的民主管理和科学管理体制、程序、办法用制度形式固定下来,使工作形成规范,其中心点是责、权、利相结合,使制度的思想性和科学性统一。再次,坚持理论联系实际的原则,面向社会实践,实行教育与生产劳动相结合。社会主义大学培养的人才,必须适应社会主义市场经济的需要,在思想上有高度的社会主义觉悟和共产主义献身精神,在业务上不仅要有理论知识,而且要有较强的分析问题和解决问题的能力,要有实干精神和较强的独立工作能力。

二、高校学生管理的原则和基本方法

原则是对客观规律的反映,是观察问题和处理问题的准绳。社会主义学校管理学的原则是学生管理的内在关系的规律性的反映,不是任何人随心所欲创造的。在学生管理工作中,管理原则处于承上启下的关键地位,是管理目标和实现管理目标的手段之间的中介,是学生管理工作中管人处事所依循的法则,是采取有效手段进行管理活动的基本要求。管理原则与管理目标、管理过程、管理方法、管理制度、管理者之间都有密不可分的关系并处于指导地位。

(一)高校学生管理的基本原则

社会主义大学学生管理基本原则是根据学生管理工作的目的、任务和培养学生成为社会主义合格人才的客观规律制定的,制约和指导着其他个别和特殊原则。

1. 学生管理工作方向性原则

管理是一种有目的的活动,管理工作必然具有方向性。以坚持社会主义方向为准绳,这是我国学生管理工作的一个本质特点。我国是社会主义国家,自然要使高等院校成为社会主义性质的育人场所。社会的性质制约着学校的性质,进而决定学校一切管理工作的性质,因此,我们的高校学生管理工作,作为一种有目的、有意识的自觉活动,必须坚持党的领导,坚持社会主义方向,坚持邓小平理论和"三个代表"重要思想,为社会主义现代化建设培养造就大批合格人才,这是高校学生管理工作必须遵循的一条最基本、最重要的原则。

2. 理论与实践相结合的原则

理论与实践相结合,坚持实践是检验真理的唯一标准,这是马克思主义的基本原理,也是高校学生管理的基本原则。准确领会和掌握马克思主义相关科学及各种管理原理,从而把握它们的精神实质,这是搞好学生管理工作的前提。但是,管理原理的应用价值和范围,是受不同学校、不同管理对象和不同管理者水平等因素制约的。党和国家在社会主义现代化建设阶段有着基本的教育方针和政策,在各个不同发展时期,针对不同特点,又提出一系列具体的方针、政策和要求。这些方针、政策和要求应当体现在各高校学生管理的具体措施、方法之中。但是,科学的学生管理必须从本地区、本校、本专业、本年级学生的具体情况出发,从学生的素质、兴趣、爱好和青年的生理、心理特点等出发,制定出相应的方法和措施。

3. 行政管理与思想教育相结合的原则

培养学生的共产主义思想品德,既需要耐心细致的说服教育,也需要坚持不懈的行为训练,使学校的教育要求变为学生的行为习惯,否则,教育的效果就不会巩固。学生良好行为习惯的训练和培养离不开科学的管理,没有合理的规章制度、行为规范,思想政治教育就会空乏无力。行政管理在培养社会主义合格人才的过程中具有不容忽视的作用,它为教育工作提供规范、准则和纪律保证,但是,具体的大学生管理是通过规章制度、行为纪律对学生的思想行为进行科学的指导和制约。这些制度、措施、纪律表现为社会与学校的集体意志对大学生的要求,表现为对大学生行为的外在限制。因此,想单纯地运用管理制度去解决学生复杂的精神世界问题,是违背教育规律和不切实际的。社会主义高校对学生进行管理措施的制定与实施,必须以提高学生的认识能力,培养学生自觉遵守规章制度的自觉性为前提。自觉地遵守纪律缘于正确的认识,离不开正确的教育,我们只有通过科学而有效的思想教育,帮助学生提高执行纪律的自觉性,才能真正实现管理的效能。

4. 民主管理原则

社会主义高校学生管理工作的一个重要方面,就是要培养学生自我控制、自我管理的能力,激励学生在管理中的主动意识和主人翁态度,充分调动学生自我管理的内在积极性。因此,社会主义学校学生管理工作坚持民主管理的原则是符合整体管理目标的。

从大学生的心理特征看,他们处于心理自我发现期。在这一时期,他们产生了认识和支配自我、支配环境的强烈意识,他们的思想和行为表现为明显区别于中学生的相对独立倾向,希望自己的意志和人格受到外界更多的尊重。

他们会思考学校制定的规章制度、行为纪律的合理性,一般不希望被动地处于服从和遵守的地位,而是要求参与管理。根据社会主义大学的学生培养目标和他们的心理特点,我们在管理工作中应充分发扬民主,把学生看成既是管理对象同时又是管理主体。在实行民主管理时,我们应注意发挥党团员学生的作用,重视学生干部的选拔与培养,这是调动学生的积极因素,实现学生民主管理的重要任务之一。

（二）高校学生管理的方法

高校学生管理的方法是根据其管理原则,为实现大学生培养目标而在德、智、体及其他方面所采取的具体方式、步骤、途径和手段。一般有以下几种方法:

1. 调查研究

对学生的情况,要经常调查、了解、掌握,及时采取相应的措施处理。调查研究时要对调查对象、目的、方法做认真规划，不能临时应付、草率从事。调查中不带框框，坚持实事求是，不能以上级单位或某人的指示、意见为结论，到下面寻找材料佐证。在调查的基础上还要用马克思主义立场、观点、方法，对调查材料、调查事物进行分析、综合、研究。

2. 建立规章制度

在大学生管理中逐步确立一系列科学的管理制度，这是大学生管理的必要方法。制度要符合大学生身心发展特点，符合教育规律和德、智、体培养目标的要求。制度既要随着教育的发展而不断完善，又要有其相对的稳定性。

3. 实施行政权限

按照学生管理的目标、内容制定一系列规章制度、执行措施和学生行为规范，用行政方法进行管理；并通过相应的管理部门及其人员和师生员工实施检查监督，从而使学生集体或个人的活动达到管理的目标要求。行政方法包含褒扬和惩治两个方面。对遵守管理制度、行为符合规范的集体和个人，应予以表扬；对违反管理制度、行为不符合规范的集体和个人，要有明确的限制措施，并用严格的制度约束其中的特别恶劣者。

4. 适当运用经济的手段

经济手段是行政方法的补充。在学生管理活动中，对学生给予必要的物质奖励或惩罚就是经济的手段，采用经济手段并不意味着行政方法不足以保证管理实施，而是因为直接触及学生的物质利益，它起的作用是行政难以替代的。用经济手段进行学生管理时，要注意防止一种倾向，即只重视用经济手段去奖惩，而忽视日常的教育和引导，忽视行政管理的作用；同样，不能只重视用经济手段奖励优秀学生，而忽视用同样手段处罚违纪学生，或者只重视处罚而忽视奖励，导致不能发挥经济手段的作用。

第二章 高校学生管理的研究对象和方法

高校学生管理是高校管理系统的重要组成部分,在高校教育改革和发展中占有极为重要的地位,在高校管理研究中具有重要意义。把高校学生管理作为一门科学进行研究,探讨高校学生管理活动的本质与内在规律,促进学生管理工作的科学化、法制化、人性化,推动高校学生管理工作由经验型、传统型、行政本位型向科学型、现代型、学生本位型转变,为中国特色的社会主义现代化事业培养新世纪合格的建设者和接班人,是广大管理工作者特别是直接从事大学生教育管理工作的同志面临的一个重要课题。

第一节 概 述

一、高校学生管理对象

所谓管理对象是指"管理活动的承受者"。随着人类认识的深化和管理的科学化、复杂化,不同时期、不同学派对管理持有不同的见解:一是指管理活动所作用的各种具体对象。最初是人、财、物三要素;后增加了时间、空间,成为五要素;又增加了信息、事件,成为七要素;等等。二是指管理活动所作用的特定系统,即把管理对象作为由多种因素组成的有机整体系统与外界环境有信息、能量、物质交流。高校学生管理作为高等学校管理工作的重要组成部分,其相对应的工作对象无疑是指高校学生。从广义角度来看,这些学生应包括所有在高校求学的学生,即专科生、本科生、硕士生、博士生等。因为这些人都是高校学生管理活动的承受者。高校学生管理牵涉到诸多知识体系,包括管理学、教育学、青年心理学、政治学、人才学等。因此,高校学生管理是一门综合性、政策性很强的应用科学。它具有自己独特的研究对象,这个对象就是学生管理活动本质的、内在的联系及其发展变化的规律。对于社会主义的中国来说,学生管理科学是以马克思主义、毛泽东思想、邓小平理论和"三个代表"重要思想与科学发展观理论为指导,以党的路线、方针和政策为依据,建立在教育科学、管理科学、青年生理心理学等基本理论和丰富的学生管理工作经验的基础之上,研究学生管理的对象、任务、原则、内容、方法和规律的一门科学。

高校学生管理作为学校管理的一个重要方面,同其他管理工作一样,都是以教育领域某一方面的特殊现象和规律为研究对象的,必然要受到教育领域总规律的支配与制约。因此,它又不同于管理工作的其他分类工作,具有相对的独立性。我们只有既认识到高校学生管理工作与其他管理工作的密切联系,又认识到它与其他管理工作的不同特点,才能真正揭示高校学生管理现象本身所具有的特殊规律,使之成为一门具有特性并富有成效的管理工作。

作为一门管理工作,一般而言,总要有相应的学科知识成为其所依循的工作方针,而一门学科的成立必须具备一个必不可少的条件,即它必须具有一套系统的范畴体系。范畴体系既体现了研究的角度,也展示了研究的内容,同时又表明了其相互间的关系。因此,准确而恰当地表述高校学生管理学的研究内容,最好的办法是确立这门科学的框架和范畴体系。我们认为,高校学生管理工作要研究的内容应涵盖以下几个方面:

(1)学科理论的研究。包括高校学生管理科学的性质、理论基础、研究对象和领域、主要研究任务、学科的地位和作用,高校学生管理的指导思想和原则,如何对历史的经验进行抽象和概括以纳入理论体系之中,如何移植、融合相关学科的理论,不断丰富、完善和发展高等学校学生管理科学等。

(2)方法论的研究。研究高校学生管理科学的方法论,一方面要研究根本的思想方法;另一方面还要研究具体的管理方法,如思想政治教育管理、大学生社区管理、教学与学籍管理、实践管理、社团管理、校园文化管理(含网络管理)、奖惩制度管理、社会心理健康与咨询管理、就业管理、学生党员管理与党建管理、学生干部队伍的管理、学生群体性突发事件的应急管理等方面的管理方法与手段。

(3)组织学的研究。高校学生管理是一项系统工程。对高校学生管理的组织领导体制、学生管理队伍的建设、学生管理的现代化趋势等,都必须做更为深入、全面的探讨。

(4)学生成长规律、心理生理特点与管理工作的有机联系研究,青年群体之间相互作用关系与高校学生管理工作的互动共生研究。

二、高校学生管理的基本任务

高校学生管理工作的基本任务,不仅包括研究学生管理学的相关体系,即研究高校学生管理工作与活动的知识系统理论,而且更重要的是这种研究必须着眼于寻求学生管理工作本身所蕴含的特殊矛盾,领悟和把握学生管理工作的运行规律,以更好地运用于学生管理工作的实践中,有力地推动高校学生管理工作。概括起来,高校学生管理工作的主要任务是:

第一,坚持马克思主义关于人的全面发展理论和党的教育方针,贯彻党的基本路线,以马克思主义、毛泽东思想、邓小平理论和“三个代表”重要思想及科学发展观为指导,以马克思主义哲学原理为方法论,认真贯彻落实新的《普通高等学校学生管理规定》,遵循党的教育方针和学校的培养目标,为培养全面发展的高素质的人才服务。

第二,系统总结我国高校学生管理工作的经验和教训。学生管理是一种既古老又年轻的社会工作,伴随学校的产生而产生,有着悠久的历史传统和崭新的时代内容。中国共产党早在初创时期就在大、中学校开展学生工作,有90多年学生管理工作的历史,积累了丰富的经验。从创办湖南自修大学、平民女学、农民运动讲习所,到开办红军大学、抗日军政大学到 1949 年后各级各类学校的建立，其间有众多的经验需要总结，也存在一些教训需要吸取。1949 年后，我国的学生管理工作有许多值得认真研究的理论知识与实践特色，每一个时期都有不同的学生管理工作理论基点和实践探索，这些都是值得我们从事学生管理工作的同志认真学习、探讨、分析和思索的。

第三，批判地继承历史上高校学生管理工作遗产，借鉴国外学生管理工作的经验，吸纳教育学、社会学、政治学、青年心理学、系统管理学、文化学等相关学科的知识理论，构建具有中国特色、符合时代精神的高校学生管理模式。中国是一个历史悠久的文明古国，几千年来，我们的祖先在学生教育和管理中积累了丰富的经验，这是宝贵的历史文化遗产，应当批判地继承，做到古为今用。同时，我们还应大胆地借鉴国外高校的学生管理经验，去粗取精、去伪存真，融会提炼、博采众长，做到洋为中用。这样才能构建起具有中国特色的高校学生管理的理论体系，并以此指导我们的实践，形成高效的、有益于大学生身心健康成长和成才的学生管理模式。

第四，加强科学研究，注重实践探索，不断发展高校学生管理工作的理论体系，推动高校学生管理工作模式健康运行。尽管学生管理工作有着丰富、宝贵的实践经验和悠久的历史传统，但就总体情况而言，它与不断发展的中国特色社会主义的形势和发展趋势还存在某些不适应，还面临着许多亟待解决的问题，无论是从理论要求上，还是从实践需求上，都需要科学化、理论化、法制化、人性化等诸方面的规范。因此，学生管理工作者必须加强学生管理工作的科学研究，大胆探索，不断创新，切实把握学生管理面临的新问题、新内容和新特点，努力用新方法、新思路和新手段去适应学生管理的新规律和新形势，使学生管理的理论和方式与时俱进，不断地丰富和完善。

第五，以理论创新推动实践创新，促进学生工作的科学化、法制化和人本化。虽然高校有办学的自主权，可以根据自身的特点制定符合本校实际的学生管理制度与规定，但这些规定不应与国家的法律法规相悖，不能违背大学生的成长规律，不能违背人性特点，不能违背社会主义办学方向与学生全面发展的最高宗旨。如何体现其管理制度的科学化、法制化和人本化，就有一个理论研究的问题，不仅需要研究法律与青年学的相关理论，还需要研究管理学方面的理论；同时，更应注重将管理学、法律学、青年学有机结合起来，形成理论上的创新，推动实践创新。因为，大学生的管理不是一般的管理，而是一种对青年的管理，这种管理是要将这些有着一定知识的青年培养成德智体美全面发展的人才的管理，换言之，这种管理的最终目的是要促进学生全面发展，使其成为国家的建设者和接班人。这就使学生管理工作牵涉到一系列的理论研究与实践探索，这就是现实交给学生管理工作者的光荣而艰巨的任务。

第二节　高校学生管理的特点和作用

高校学生管理是学校管理的一个重要分支，是学生管理理论与实践的高度综合与概括。半个多世纪以来，我国高校学生管理的实践证明，对大学生的成功管理，必须以马克思主义理论为指导，必须与时俱进，必须从我国的实际情况出发；同时，又要遵循高校管理的基本规律，把握住高校的特点。只有这样，才能使高校学生管理产生积极的效益，确保学生成才。

一、高校学生管理的特点

（一）政治性

管理是一种有目标的活动，管理工作必然具有某种方向性。这种方向性在特定的时期体现为政治性。当前，高校学生管理必须紧紧围绕为全面建成小康社会，为中国特色社会主义培养合格人才这一中心目标服务，这是我国目前高校学生管理工作的一个本质特点。学生管理工作作为一种手段，是为教育方针服务的，而教育方针是一定时代的政治、经济和文化等现实在教育领域的反映。众所周知，中外教育史上都有重视德育的传统，但不同时代、不同社会的"德育"中"德"的内涵是大不相同的。例如，欧美等西方国家与中国都在教育中强调了人本思想，但由于政治、文化的不同，欧美学校教育中的"人本"是个人本位的人本思想在教育中的反映，中国教育中的"以人为本"则是一种以广大人民群众利益为本的集体本位的人本思想，或者说是"民本"，因此，其本质意义是大相径庭的。欧美等西方社会强调的个人本位"人文"教育，其目的是为他们的社会培养接班人；中国作为社会主义国家强调的集体本位思想政治教育，是为中国特色社会主义事业培养建设者和接班人，这就是教育方针的政治性。学生管理无疑是要为教育方针服务的，当然也就不可能不在其工作中体现出政治性。学生管理工作的政治性，决定了学生管理工作者必须具备应有的政治素质，不断提高自身的政治敏锐性，时刻关注政治局势，把握大局，保持与党中央的高度一致。

（二）针对性

学生管理既然是管理，就不可能离开管理学科的特点，不可避免地要吸收国内外相关管理科学方面的理论知识体系和工作经验。但大学生管理不同于一般的管理，它有着自己的特殊性。这些特殊性至少表现在以下四个方面：

第一，管理的对象是大学生（社会角色而言），他们本身就是一个特殊的社会群体，是一群掌握着一定基础知识和专业知识的潜在人才群体；第二，管理的对象是青年（生理和心理角色而言），他们处于血气方刚、激情澎湃、感情冲动、充满朝气的人生阶段；第三，这种青年群体与军事编制中的军人青年群体是不同的，大学生的首要任务是学习，而非战斗；第四，管理的对象是正在接受知识教育和思想道德教育的青年群体，他们是一个处于想独立而在经济上又不能独立的半独立状态的青年群体。上述四个方面的特点决定了高校学生管理的针对性，决定了高校学生管理必须涉及青年学、生理学、心理学、教育学、人才学和管理学等诸方面的知识体系。

从青年学（含生理学、心理学）的角度而言，我们应当看到，大学生管理面对的是一群有血有肉、生龙活虎和朝气蓬勃的年轻人。他们的世界观、人生观、价值观尚未完全定型，他们对异性的关注、与异性的交往、对爱情的渴望、对性道德的理解和对人生的理解等，都有着这个时代的烙印，受到所处的时代环境的影响，与二十世纪五六十年代生长起来的一代人是有着明显区别的。要管理好他们，就必须研究了解他们；要研究了解他们，就必须把握时代特征；要把握时代特征，就必须弄清楚这个时代的政治、经济、文化和科学技术发展的大方向。

从教育学的角度而言，高校学生管理必须有利于青年大学生的成长，必须符合教育规律。换言之，就是大学生管理必须按教育学、人才学所揭示的规律来进行。比如，大学生德育、智育、体育之间的关系如何在学生管理中有机融合的问题；知识的获得与能力的培养如何有机协调的问题；尊重学生个性与学校统一管理如何获得有效一致的问题；课堂教学与社会实践如何结合的问题等，都是需要认真研究、探索的。

从管理学的角度而言，科学的管理从本质上讲是法制化、人性化的管理。管理的有效实施离不开规章制度的建设，而法律与规章制度的制定往往是以一定的理念为指导的。在法学中，指导法律制定的是法理（法律理论）；在政策学中，指导规章与政策制定的是政治理论和与政治理论相关的哲学理论。由于法律与规章及政策两者所针对的都是人，所以，两者都离不开对人的理性化认识。也就是说，如果一种规章制度是与受它管束的人的本性相悖的，是非人性化的，那么，这个规章制度必然得不到良好的执行，即使被执行了，也会带来许多负面影响。对于学校来说，这种负面影响必定是不利于学生成长和人才培养的。

（三）科学性

对于大学而言，建立一套集德、体、日常生活管理于一体的系统管理制度，其实质是一种约束和规范，即把学生的思想、情感、行为和意志等引导到国家所倡导的培养目标上去。这一活动目标的实现，要求制度具有科学性。而高校学生管理制度的科学性至少包括以下几个方面的内涵：

（1）符合法律法规。即要求学生管理制度符合国家的法律法规的要求。

（2）符合学校的实际。学校的实际包括学校的层次类型以及学校所在地的地域人文风情。

（3）符合大学生的生理心理特点。这就要求高校的学生管理制度制定者必须了解学生，既了解大学生的实际情况，又清楚培养目标与要求。

（4）具有可操作性。作为管理制度，尽管有理论指导，但又与理论有所不同，其最大的特点就是它必须具有可操作性才能真正达到管理的目的。没有可操作性的所谓制度，再好也只能是理论上正确而不能执行的制度。如果不顾实际情况，不根据发展的政治、经济形势和法律规章而坚持推行在原来的形势下制定的相关规定，那么其结果必然是"无法操作"的无效制度，导致的最终结果是不利于高校的发展、学生的成才，更不利于党的教育方针的有效实施。

二、高校学生管理的作用

实现全面小康，需要千百万建设社会主义事业的专门人才，而高校在现代社会中是人才的"加工厂"，担负着培养人才的重大责任。高校学生管理工作是高校教育管理工作的重要一环，其责任总体上与高校的根本任务是一致的。这种责任决定了高校学生管理工作的重要作用，主要反映在以下几个方面：

（一）育人作用

高校学生管理是高校管理的重要方面，高校是人才培养的基地，高校管理是为培养人才服务的，高校学生管理更是直接针对大学生的。但这种管理却与一般意义上的管理不一样，它不是单纯的管理，而是带有教育性质的服务，即不仅要通过管理促进高校的有效运行，还要通过管理达到教育目的，使学生成为高校的合格"产品"。也就是说，高校的学生管理是一种"管理育人"的管理，这种管理要与高校的教学、思想政治工作和心理健康教育等一系列工作有机结合起来，产生一种管理育人的效果，促使党的教育方针在高校真正得到落实。

（二）稳定作用

高校学生是一个特殊的社会群体，具有青年的特质，朝气蓬勃、充满激情、追求真理、关心时事；同时，也有着青年固有的不足：容易冲动、互动性强、易走极端、时有盲从、阅历较浅、情绪不如成年人稳定等。他们在法律上是完全民事行为能力人，但从某种意义讲，他们在心理上却是准成年人。

与其他同龄人相比，他们掌握着更多的知识，但较之真正的知识分子，他们的知识又存在结构上的缺陷和知识量上的不足。这样一个大的群体居住在一起，各种矛盾冲突在所难免，处理不当，极易发生群体性事件。在全面建成小康社会的过程中，各种政治、经济、社会和文化等方面的矛盾必将反映到大学生群体中来，如果高校管理不到位，管理者缺乏敏锐的政治意识，那么高校的群体事件就可能酿变为政治性群体事件，从而给社会的稳定带来威胁。因此，依法管理，通过制定并实施符合学校实际的规章制度，引导大学生端正学习态度、明确学习目的、掌握正确的学习方法、养成良好的生活习惯，通过各种渠道和措施为大学生建构良好的心理品质，使大学生保持稳定的情绪，从而保持学校的稳定，是高校学生管理的重要作用之一。

（三）增强大学生能力的作用

高校是培养人才的场所，因此，高校的学生管理应有培养学生的功能，应发挥增强学生能力的积极作用。例如，社会实践的管理可以增强大学生的社会实践和社会活动的能力；实验室的管理可以增强学生的动手能力；心理咨询可以提高学生自我认识、自我调节的能力；学生的党团活动可以提高学生对党团的认识水平；等等。

第三节　高校学生管理的研究方法

高校学生管理的研究方法，要以马克思主义、毛泽东思想、邓小平理论、"三个代表"重要思想和科学发展观，以及习近平新时代中国特色社会主义思想为理论指导，并结合办学育人的实践。在具体实践中，可从以下几个方面研究高校学生管理：

一、联系的方法

既要注意高校内部的管理问题，又要注意高校外部的管理问题；既要研究宏观管理的现象，又要探寻微观管理的规律。

二、调查研究的方法

主要重在收集原始数据、总结感性经验，通过定量与定性的科学分析研究，提高理论认识，使高校学生管理研究的成果具有实际的数据支撑和理论支持，主要有网络调查、抽样调查、问卷调查和随机谈话调查等方法。

三、比较研究的方法

主要通过系统研究古今中外学生管理的历史沿革、实践经验和理论见解，进行纵向和横向的比较，发现政治、经济、文化及时代精神对高校学生管理的影响，从中发现具有规律的东西，并将其提升为理论，用于指导高校的学生管理，古为今用、洋为中用、与时俱进、推陈出新，以实现高校学生管理制度的创新。

四、实践的方法

要有大胆试验、"摸着石头过河"的勇气，在"实践，认识，再实践，再认识"的循环往复中逐渐掌握高校学生管理的规律，实现从必然王国向自由王国的转化。

五、个案研究的方法

所谓个案研究方法，就是通过对某一被试验的管理工作进行纵向的、长时间的连续观察和实验，从而研究其管理行为产生的结果以及发展变化的全过程，总结某些具有规律性的特点的方法，又称为"解剖麻雀法"。

六、对立统一的方法

此方法应注意管理与教育、管理与放松、管理者与被管理者之间的复杂关系。

高校学生管理的研究方法不限于此，上述管理方法仅仅是其中几种重要的研究方法。当然，每一种研究方法都有其特点、优势与不足之处。在研究高校学生管理工作时，应根据时代精神、管理对象变化状况、办学思路的变化、具体地区与当时形势的差别，对不同的研究方法进行选择，有时可侧重其中几个方面的方法；有时可同时采用更多的研究方法。不必拘泥于形式，而要重视效果。

第三章　新形势下的高校学生管理工作

第一节　世界高等教育的历史发展

　　具有现代意义的大学最早出现于欧洲。早在 11 世纪前，欧洲的教育机构主要是教会学校，其主要职能是培养神父、教士。最早的大学与今天的大学含义不一样，实际是教师和学生组成的行会，一切自主、自由，代表着自由和开放的近代精神。巴黎大学是欧美大学教育的先驱，当年，有位名叫阿伯拉尔的法国年轻教士在巴黎讲授神学、逻辑学。成千上万满腔热情的年轻人蜂拥到这座城市，听他讲课。1160 年，在塞纳河中一座小岛上，诞生了著名的巴黎大学。在巴黎大学的基础上，欧洲又诞生了牛津大学、剑桥大学。1636 年，剑桥人渡过大西洋来到美国，建立了哈佛大学。后来哈佛大学有一批人分立出来建立了耶鲁大学。

　　最初的高等教育是一种精英教育，由于学习费用昂贵和招生规模有限，只有少数人才能走进大学校园，寻常百姓家的孩子只能对大学望而却步。高等教育从精英化向大众化转变，始于二战结束后的美国。为了缓解 1200 万即将从战场上归来的复员军人的巨大就业压力，美国政府采取了以接受高等教育来减缓就业高潮冲击的战略措施，并从此开始了美国高等教育大众化进程。从 20 世纪 60 年代至 70 年代初这一段时间称作"大众化阶段"，20 世纪 70 年代到 80 年代末可以说是大众化的成熟阶段，20 世纪 90 年代以后的发展阶段称作"后大众化阶段"。日本从 20 世纪 60 年代到 70 年代中期经历了一个初期大众化阶段，新生入学率从 10% 上升到 35% 以上；至 20 世纪 80 年代后期处于数量稳步发展阶段；之后又高速发展，1995 年新生入学率达到 46%，已接近大众化的后期。德国高等教育大众化阶段也是从 20 世纪 60 年代到 90 年代初期，1960 年新生入学率为10%，20 世纪 70 年代初期为 20%，1994 年达到 34%。英国在二战后增长速度加快，1950年新生入学率达 5%，1960 年达 8%，1980 年达到 20.1%，随后的 1985 年、1990 年、1995年的新生入学率分别为 21.8%、23% 和 31%，逐步向普及化迈进。由英才高等教育向大众高等教育的转变是一个历史过程，发达国家一般都经历了相当长的积累时期，大众化大都出现在 20 世纪 50 年代后期到 60 至 70 年代。

　　那么，二战以后世界高等教育扩展的原因是什么？主要有四种观点：一是扩展的内力说。这种观点认为，高等教育的扩展是由高等教育自身发展决定的，因为教育行为本身有自己特有的动力，有自身发展的逻辑，二战后世界许多国家的高等教育大众化就是高等教育自身发展的要求，也是高等教育自身发展的结果。二是经济制约说。认为高等教育的发展是受经济发展制约的，高校的规模是与经济发展水平相平衡的，由于二战后经济的迅猛发展，导致了高等教育的大扩展。三是社会地位竞争说。认为高等教育扩展是社会地位竞争的结果，由于个体所受教育的水平是该个体社会地位的升迁及其通往职业目标的重要前提条件，因此，个体要想获得较好的社会地位和收入，就必须追求尽可能多的教育。二战后，社会的进步和经济的发展对人才提出了越来越高的要求，教育重心的上移直接导致了高等教育的扩展。四是政治影响说。认为高等教育的扩展主要受政治的影响，政府决策和一些政治历史事件往往会决定高等教育扩展的规模。二战以后，高等教育的民主化趋势更加明显，人们要求更多的自由、平等和参与，妇女解放运动和争取权利的斗争都对高等教育规模的扩张产生影响。

根据经费来源的不同可以把世界各国高等教育大众化的模式归纳为四种：

第一种，美国模式。美国高等教育大众化的实现，是依靠公立大学、私立大学和学院的共同努力来实现的，公立院校在规模扩张过程中发挥了重要的作用；同时，私立院校也做出了其应有的贡献。在这个过程中，各级政府和民间力量互为补充，共同为规模扩张提供经费。此外，高校附属产业部门利用独立经营所得为学校发展补充了大量经费。由此，我们可以用"公私共济，协调发展"八个字来概括美国模式的特点。

第二种，西欧模式。西欧各国的高等教育大众化最突出的特点就是"依靠公立高校，倚重政府投入"。在这里，民间力量对于高等教育发展的作用十分微弱。这些国家的经验表明，即使政府财力非常雄厚，也仍然难以完全支付高等教育规模增长所需的经费；更为严重的是，其单一的办学形式不利于建立适应社会需要的新型高等教育机构。如何广开财路？如何促进新型高等教育机构的建立？是这些国家高等教育继续发展道路上必须解决的两大难题。

第三种，东南亚以及拉丁美洲模式。东南亚和拉丁美洲的大部分国家和地区高等教育大众化的实现主要得益于私立高校的迅速发展。在政府的财政资助有限的情况下，这些国家和地区依靠收取学费和吸纳社会资金，较好地解决了规模扩张所造成的经费短缺问题；同时，借助私立高校之间激烈的生源竞争，较好地满足了市场对高等教育的新需求，形成了有别于欧洲传统大学的高等教育体制。这种模式的特点可以概括为：倚重私立高校，以学费收入为主。

第四种，转型国家模式。在前苏东社会主义国家，伴随社会政治经济的转型，高等教育大众化走过了一条特殊的道路：在发展的前半期，依靠公立高校，借助政府财政经费，几个主要国家的高等教育毛入学率虽已经达到了较高的水平，但在1970年后的一个相当长的时期内停滞不前；直到转型之后，借助私立高校的发展和学费收入，高等教育规模在政府财政困难的情况下奇迹般得到了较快的发展。转型国家这种模式的特点可以概括为：前期政府垄断，后期民间发力。

第二节　我国高等教育的发展战略和演变历程

对于高等教育的发展演变历程，世界各国皆有自己的轨迹，区别只是在于这种战略以何种形式出现，并以何种方式起作用。依据中国的国情，规划特征十分明显的高等教育发展战略，作为社会发展战略的一个重要而又相对独立的组成部分长期存在着，并极大地制约着高等教育发展进程。很明显，随着时代的发展，特别是以高等教育大众化为突破口的中国高等教育现代化的发展，必将引发一系列的思想观念转变。其结果必然是：一方面，高等教育发展战略的重要性不断提升；另一方面，它将逐渐由计划管理走向宏观调控。

众所周知，高等教育的发展首先是受社会政治、经济和科技制约的，但是这些因素与高等教育之间不是简单的线性关系，影响后者的因素还有文化价值观念和高等教育传统（包含了高等教育自身的逻辑）。一般来说，高等教育规模或数量对政治经济变革的反应相当敏感，而位居其后的进一步的高教改革则具有较大的不可把握性。法国就是一个典型的例子，从 20 世纪 60 年代以来，伴随政府的不断更迭，高等教育改革计划层出不穷。但是，受制于思想观念和运行机制，高等教育内部的深层次矛盾无法克服，真正得以实现的只有扩大大学生数量这个成果，而规模的扩大往往招来更多的对质量和就业问题的批评，改来改去，始终不得要领。可见，现代高等教育发展是一种整体、和谐的发展，不单是规模、数量的增长，而实现整体发展的关键，显然是必须促成高等教育自身思想和机制等内因的转变，而不能只关注政治、经济、科技等外因的变化。

中国高等教育发展战略的一个显著特征是：注重高等教育发展的整体性，尽力在目标、原则和机制中，使高等教育外部的要求与内部的良性运行协调起来。中国高等教育发展战略的上述特征，决定了影响其演变的因素和各种因素起作用的方式，其中，外部社会背景的变化无疑是首要的影响因素，而由外部因素引起的内部要素（比如高教规模）的变化对高等教育自身思想和机制变革的要求，则是直接的影响因素。前者是外因，后者是内因。

有研究者曾把高等教育发展进程大致划分为"补偿性增长"和"适应性增长"两个大的阶段，认为前者是诸如中国这样的发展中国家，在较低的起点上，为了弥补与世界先进国家的差距所采取的快速、急剧的增长方式；后者是指世界主要工业化国家和新兴工业化国家，在没有受到外力压抑和扭曲的条件下，教育合乎逻辑地延续和增长。该观点强调，只有当补偿过程完成之后才能进入适应性阶段。然而，应对中国高等教育改革的渐进性特征予以足够关注，因为整个国家的改革都是循着这条思路进行的，故不能简单地使用"补偿性增长"来概括中华人民共和国成立后的高等教育发展历程。要看到中国高等教育发展的真正动力和可靠保证，在于自身发展理念的逐步转变，它通过发展目标、原则和机制的调整在各阶段发展战略中表现出来，因而，转变的具体过程需要详加探究。早在 1986 年，世界银行的顾问们就曾敦促中国政府扩大高等教育规模，并提出了到 2000 年规模发展的"三级方案"（低级方案为 10% 的适龄青年，即 520 万能接受正规高等教育，3.7% 的适龄青年能接受成人高等教育；中级方案为 12.5%，即 600 万适龄青年进入正规高校，500 万接受成人高等教育；高级方案中这一数字分别为 15%，760 万和 560 万），但并未被采纳，原因除了受计划经济观念制约，主要是担忧"盲目发展"可能带来的风险。可见，中国高等教育谨慎行事的传统，并不支持单纯数量的"补偿性增长"。事实上，我们常将法国的高教改革教训引以为戒，因此，如果没有形成新的、可接受的发展理念，并制定出相应的发展战略，以规模扩张为先导的高等教育发展在中国便难以实现。这一看法，正好解释了为什么历史上若干随意性、政治性色彩浓厚的发展决策只是"昙花一现"的原因。由此证明，跟随规模变化对中国高等教育发展战略的演变过程做出阶段划分，具有一定的合理性。

很明显，中国的国情不同于美国和西欧，美国在 20 世纪初即形成了有利于规模扩张的多样化高等教育形式与结构，西欧是依靠较为雄厚的财力在相对不变中扩张，中国则两种条件皆不具备：既没有"早熟的"高等教育模式，又缺乏雄厚的经济实力。于是，发达国家的高等教育是达到一定数量才发生变革，而中国高等教育却一直在悄悄地发生演化，后者每一次"有效"的规模扩张都需要以某种改革为基础。在这一过程中，不可避免地会发生理念的冲突，并要求实施相应的战略调整。显然，我们应该关注高等教育发展过程中这种种变迁，如此方能正确认识当前中国高等教育改革的重点和难点。

从 1949 年至今，除去"文革"时期，我国的高等教育发展经历了三个阶段的变化：

一、1949年—1991年：高等教育的有限发展阶段

众所周知，中国改革开放以前的高等教育发展战略的理念深受计划经济的影响，以国家为中心的功利性比较强，表现在高等教育发展目标上，就是强调依据专门人才需求量来规划发展指标；表现在发展原则上，即严格按照国家计划分配的资源比例实现投入与产出；而表现在发展机制上，则不断强化围绕计划指标的行政管理效率。这种计划性往往又受到政治性和随意性因素的影响。因而，高等教育发展的独立性比较差，早期国家计划中只有一个招生指标项目的情况就是证明。在改革开放以后的很长一段时期内，虽然由于价值观念的积极参与，战略实施过程中逐渐摆脱了极端，但指导思想并没有从根本上得到改变。

在这个阶段，高等教育也曾经历了几次规模数量上的较大变动，比如，20 世纪 50 年代末至 60 年代初的"教育革命"，20 世纪 70 年代末至 80 年代初的"恢复增长"等，但这种"反弹性"发展并未引发思想转变，而是在与原有发展理念相矛盾的情况下，"过快的发展速度"被行政监管手段降了下来，"有限发展"原则得以维护。我国于 1985 年出台了《中共中央关于教育体制改革的决定》，冲击了传统的办学体制，推动了中心城市办大学即所谓"新大学运动"，还促成了民办（私立）高等教育的兴起。至 1991 年，中心城市所

办大学已占到全国高校总数的 30%，而民办高校则发展到了 400 多所。它们构成了一种高等教育发展的新的趋势。当时，业已形成"有计划的商品经济"理论，允许计划经济与市场调节相结合。在此背景下，作为经济"非均衡发展"领头羊的广东等省，提出本省高等教育要相对全国平均水平超前发展，理由之一是，地方（非国有制）经济发展造成对人才的特殊需求；理由之二是，地方上的百姓有强烈的受高等教育的愿望，并且能够支付有关费用。于是，这股新兴发展潮流与旧有目标、原则、机制之间发生了冲突。从 1988 年开始，广东省进行了招收自费生和委培生的试点工作，最初的政策是，按国家招生计划的 3% 招收上述两种生源，1990 年准备把这一比例增加到 30%，但直到 1992 年才落实。不难理解，由于扩张对高等教育内部运行的影响，对 1985 年后中国高等教育发展趋势的接受，必然导致对发展目标、发展原则、发展机制做出相应的调整，从而进入一个新的发展战略起主导作用的阶段。

二、1992 年—1998 年：高等教育的稳步发展阶段

1992 年后，高等教育的"内涵式发展"思路被提出，它所包含的理念，实际就是既设法在一定程度上满足地方发展和个人发展的要求，又对这种要求所推动的发展实施主动调控。这一理念体现在高等教育发展战略中，即要求新的发展目标应兼顾国家、地方、个人需要，对扩大高等教育机会持一种相对积极的态度。而要求新的发展原则的基调应是协调稳定与发展之间的关系，该原则外化为若干具体的发展约束，主要是控制高校数量、优化高教结构、提倡规模效益、保证教学质量，还有对社会力量办学加以规范等。相应地，要求发展机制做出一定转变：中央向地方适当放权，利用市场作为计划之补充。种种变化表明，中国高等教育发展战略的指导思想已经从"限制发展"转变为"稳步发展"。

在邓小平视察南方谈话精神影响下，1992 年—1993 年中国高教规模扩展较快，普通高校分别比上一年增招 21.7% 和 22.5%，但 1994 年的招生数却因为顾虑经费、就业方面的问题反而减少了 2.6%，1995 年—1998 年规模则处于缓慢增长的态势。此外，世界银行 1993 年—1994 年曾派团对中国高等教育进行考察、调研。当时，国家教委和考察团，在诸如高校与政府之间的关系、高校管理体制的转变、高等教育经费和提高教学质量等方面达成了一些共识，都认为中国的高等教育需要以质量为中心进一步深化改革。但是，在 1998 年前后，中国政府的观念发生了变化，这主要是因为国内经济运行背景发生了重大变化，以及有利于规模扩大的多样化高等教育结构初步形成的缘故，但同时也不可忽视外来因素影响，比如，经济全球化竞争、知识经济萌生、政治民主化、国际比较等。后期发生的思想转变，直接推动了高等教育向着大众化目标的快速扩张。

三、1999 年至今：积极发展阶段

1999 年开始的中国高校大规模扩招，表明以新的发展理念做指导的高等教育战略已演变成形。尽管由于扩招幅度过大（普通高校比上一年增招 47.4%），导致高教界准备不

足而有一段时间处于被动应付状态，但是，相比前一次转变，作为演变重要契机之一的规模扩展趋势，没有遇到来自政府方面的重重阻力，而恰恰是后者直接予以推动的，此一变化具有特殊意义。然而，这并不奇怪。中国高等教育朝向大众化目标的迅速迈进，显然与历史上许多国家步入大众化阶段的过程颇多相似，即建立在一定物质基础和相应价值观之上的必然性发展，往往是通过"偶然性"的发展政策实现的，当时的政治经济需要起关键作用。

转变后的发展战略，在发展目标上，突出表现为设法主动地、大量地增加高等教育机会；在发展原则上，表现为通过主动设计合理的高等教育结构实现可接受的规模增长；而发展机制上的表现则为中央与省两级管理、以省为主的体制基本确立，进而实践将权力下放到省以下，同时，开始重视利用市场、引导市场。

美国高等教育问题研究专家马丁·特罗教授通过对欧美国家高等教育规模发展的研究，注意到了高等教育的规模与系统的性质变化之间的关系。他认为："一些国家的精英高等教育，在其规模扩大到能为 15% 左右的适龄青年提供学习机会前，它的性质基本上不会改变。当达到 15% 时，高等教育系统的性质开始改变并转向大众型；如果这个过渡成功，大众高等教育可在不改变其性质的前提下，发展规模直至其容量达到适龄人口的 50%。当超过 50% 时，即高等教育开始快速迈向普及教育时，它必然再创新的高等教育模式。"特罗教授以高等教育毛入学率为指标将高等教育发展历史分为"精英、大众和普及"三个阶段的观点已被普遍接受。具体而言，是高等教育毛入学率 15% 以下为精英教育阶段，超过 15% 为大众化教育阶段，达到或超过 50% 为普及化教育阶段。

进入 21 世纪，随着中国经济的发展以及高校数量的快速增长，中国高等教育进入跨越式发展阶段。2002 年，我国高等教育毛入学率已达到 15%，这标志着我国高等教育从此进入了大众化阶段。2006 年 2 月 13 日，陈至立在古巴第五届国际教育大会上宣布：中国已成为教育大国，在校大学生人数世界第一，在校大学生总数 2100 万，毛入学率 21%。2004 年，上海的高等教育毛入学率为 55%，位居第一；第二位的是北京，为 53%。按照特罗教授的指标，上海和北京成为在全国率先进入高等教育普及化阶段的城市。中国青少年研究中心于 2007 年 1 月 10 日发布的《"十五"期间中国青年发展与"十一五"期间中国青年发展趋势研究报告》认为："十五"期间，中国高等教育发生了一次质的飞跃，由"精英化"向"大众化"转变。如今高等院校的数量、招生人数、在校生人数、毕业生人数以及学校的规模都有了爆炸式的增长。

第三节　高等教育大众化的特点

一、高等教育大众化是对传统精英教育的扬弃

传统精英教育主张高等教育是精英的特权，而精英是由先天决定的；或是由于天资

突出，或是家庭的经济状况比较优越，或是家庭地位较高。传统的精英教育不仅主张接受高等教育是精英子弟的特权，而且主张高等教育就是为培养精英而设的，是培养教会的牧师、文化巨匠、科学家和国家官员的教育。

（一）传统高等教育面临的挑战

数百年来高等教育的职能、结构、内容发生了许多变化，每次变化都与社会的政治、经济变化有关。但是，高等教育从来没有像今天这样受到各方面的挑战。一方面，高等教育面临着科学技术加速发展的挑战。20世纪，特别是第二次世界大战后的半个世纪，科学技术的发展是惊人的，而且科学技术转化为生产力的速度也是惊人的。经历了五次伟大的革命，基本上是每10年一次。这种惊人的发展速度要求高等教育不仅内容要更新，而且要求培养目标、培养方式都要有根本的改变，才能培养出符合时代要求、跟上科技发展步伐的人才。但是，高等教育的改革却又是十分迟缓的，现在高等学校的教学与50年前的状况没有实质性改变，很显然科学技术发展的迅速与高等教育改革的迟缓形成了尖锐的矛盾。另一方面，高等教育面临着社会变革和文化冲突的挑战。科学技术在社会各领域的应用，引起了社会的变革。科学技术的发展，在促进社会生产力提高的同时，也带来了资源的浪费、环境的污染、生态的破坏等一系列社会问题。随着我国经济和社会的不断发展、改革的不断深化，当前正处在大转型、大发展、大分化的关键时期，人均国内生产总值（GDP）在1000～3000美元的关键阶段，人口与资源矛盾最为激烈，经济失调，社会失序，心理失衡，社会伦理需要重构。可见，我国现在既是经济社会发展的黄金机遇期，也是各种矛盾的凸现期。同时，高等教育面临着两种文化冲突的挑战。一种文化冲突是我国传统与现代的冲突。我国悠久的历史孕育着优秀的文化传统。但是传统文化中有精华，也有糟粕。精华的部分能够激发人们奋发图强，促进现代化的建设，但糟粕的部分却可能阻碍现代化的进程。另一种文化冲突是中西文化的冲突。我国在引进西方科学技术的同时也带来了一些西方的文化，有些是腐朽的，有些在西方是可行的，但不符合我国国情，我们则要对其加以鉴别。

（二）高等教育大众化是教育发展的规律所致

高等教育不是供人们仰望的圣物，而是供人们生活使用的有效策略，它的发展过程是从目标到工具的过程，与人类进化的过程正好相反。高等教育开始它服务经济社会、服务人的全面发展的新旅程。可见，这一过程是人类自身价值升腾的过程，是从精英的培养向大众化前进的过程。在这个选择实践中，人类认识到高等教育离不开大众，只有在大众的参与下，高等教育才能变成人类认识世界、改造世界最有效的工具，才能成为人类普遍享受的福利，成为人类精神普遍上升的阶梯。正是在人类这种不断上升动力的驱使下，高等教育才从泛泛的一般化形式变成生动的具体的形式，从一个在很大程度上只具有装饰品意义的外在的东西变成人类心灵自我改造和实践的东西，从一个只适合极少数精致的东西变成一个普遍的东西，一个为大众所共享的东西，变成生动具体的适合每一个人的东西，人的个性进而得到展现，潜能得到发挥。

二、高等教育的入口与物质生活状态密切相关

高等教育大众化的过程就是将人类改造自然的内容引进高等教育殿堂的过程，体现了人类对自身力量的认识发展，体现了一个对自身力量从否认到逐步确认的进化。高等教育大众化把大批受教育者带进高等教育的殿堂，共享一种价值观，用现代化武装人力和物力的作用，共建美好的人类社会。

（一）科学观念走近大众是高等教育大众化的前驱

人类在不断认识世界、改造世界的过程中，认识到科学以它自身的成就向世人展现了其巨大的威力，这就大大地激发了人们对科学知识的渴求，促进了科学知识的普及和扩展，促进了人们对科学文化的信仰和依赖。在这种信仰和依赖的指引下，人们接受了机器大生产，接受了专业分工，接受了科学管理法则，接受了工厂的制度，接受了新的消费模式，形成了新的价值观。整个社会就在这种价值观的激发下行动起来，开始走出自给自足的、相互隔离的社会生活状态，走进彼此分工协作的相互关联的新的生活状态。人们的身份也因此发生了根本的变化，人们开始由原来单一性的角色向多样化的角色转变，对社会生活的新法则开始有了新的期盼和设想。人们不再仅单纯要求物质方面的利益，也要求体现自身的价值。这种追求是人们对个性的追求、对民主的追求，是与科学理念相容的，充分地体现出了人们在享受物质福利的同时，也有体现自身精神价值的追求，而能够调和这二者关系的最佳途径是用个体能力的发挥来呈现自我价值。

在人们已经认识到科学是体现人的力量和价值的根本手段的时候，能力至上就成为社会转型的一条基本原则，而人们要获得科学知识进入科学的境界就必须接受高等教育，高等教育就成为科学与个体能力发展之间的桥梁。人们对高等教育功能的认识不断提升，在这座科学的圣殿中不断地吸取营养，科学观念开始不断走进大众，大众对进入高等教育的愿望日益强烈，从而大众就开始逐渐走进高等教育。

（二）高等教育社会化与物质文明的发达与否密切相关

随着物质生活的不断丰富，人们对科学观念的认识和接受也开始不断由浅入深，由偏颇到全面。一方面，人们开始主要看到的是科学力量的物质作用，对科学、对个体的作用也主要是从物质层面来考察，还不能从科学对人类生活状态的作用及对个性价值观的作用等角度来考察；另一方面，人们只有在真正成为从事科学活动的主体时，才能真实地体验到科学的精神层面的价值以及它在发展人的个性中的作用。从科学观念与个体改造世界能力的联系贯通上看，个体要求获得科学知识与技术，都只是把科学当成工具；同时，也把自己当成工具来接受，属于个体潜能的开发，无法达到个性发展和完善。这时的社会生活状态仍是不发达的物质状态，还没能让人们超越物质层次，更没有达到向精

神生活转型的阶段。这既局限了大众对科学更进一步的认识，也局限了他们进入高等教育的能力。

大众进入高等教育，是以物质目标追求开始的，但必须以精神追求终结。高等教育大众化是适应社会生产转型而出现的，是人类发展的自我选择，高等教育大众化的物质前提是社会物质生活已相当富足，社会已经为高等教育吸收大众的进入准备了充分的物质条件。可见，进入高等教育的口径始终是与物质生活状态密切相关的，只有社会的物质状态达到了高度发达阶段，进入高等教育的途径才会大大拓宽，高等教育才真正开始进入大众化阶段。

三、个性张扬是高等教育大众化的显著特点

真正意义上的高等教育大众化，是在物质条件高度发达，高等教育的体系高度完善，社会形成以尊重个性为核心的价值观念，个性的发展得到充分的张扬。

（一）多样化是高等教育大众化的必由之路

高等教育大众化是社会发展的必然趋势，而高等教育多样化是实现大众化的必经之路。多样化的必然性在于：一是社会需求的多样化，社会上的行业千千万万，对各类人才的规格、层次要求也是千千万万的，同一模式下的人才不可能满足社会多样化的需求；二是人的个性、智力、需求、追求的目标以及愿意付出的代价是不尽相同的，只有多样化的高等教育才能满足更多人的不同的学习需求；三是国家的财力有限，只有多样化的高等教育、多渠道集资，才能实现大众化。

从国际上来看，高等教育大众化的过程与高等教育多样化的过程也是紧紧联系在一起的。美国学者马丁·特罗在论述高等教育发展阶段时提出，随着高等教育规模的扩大，高等教育必然发生质的变化。高等教育大众化对多数人来说，是扩大了入学机会；而高等教育的多样化则是用尽可能多的方法提供适合人们需要的高等教育。

（二）高等教育自身体系的不断完善，为个性的张扬提供了舞台

高等教育大众化要求空前地扩大高等教育的规模，设置多样化的高等教育机构，满足各种要求。于是，高等教育学生多了、学校多样了、学制多样了、课程多样了、教师多样了、学生毕业的资格也多样了。高等教育自身体系的不断完善，为个体发现自己的潜能提供了机会，一旦个体可以根据自己的爱好、兴趣充分地选择课程，就可以避免很大的盲目性和强制性，就能够比较快地找到自己的发展潜力。个体就必然开始有意识地设计自我，按照一种理想的人格来充实自己和展现自己，并不断完善自己的人格设计，推动自己的人格达向完善。同时，个体在适应多种知识的要求过程中了解多种知识的价值，各种知识的价值的存在又为个性潜能的发展提供了参照的根据，也为个性潜能的实现提供了机会。在高等教育大众化时代，高等教育对各种知识存在着包容性和开放性，为种种知识的发展提供了

场所。各种知识的平行发展，体现了多元的文化价值观，体现了文化消费时代对各种有用知识的需求，也为知识的创新提供了一个更宽松的环境。多种知识的存在，个性的张扬，与知识创新共舞，形成了大众化高等教育升华的大舞台。

（三）个性张扬是高等教育大众化的最高形式

高等教育大众化的基本主旨是给个性平等发展的机会。与精英教育维护特殊利益的旨趣相对，大众高等教育价值观的核心是普遍性尊重个性，并把个性的充分实现作为高等教育体系的内在追求。在精英教育的时代，个性的价值一直处于被掩蔽的状态，它受到物质条件的限制，受到纯知识的、国家利益至上的以及物质实效的价值的掩蔽。高等教育活动的根本目的是使人获得精神自由，其活动的本质是精神的，而非物质的，即追求物质需求的满足是推动高等教育发达的条件，追求精神上的满足才是其根本的目的，探索和获取知识是高等教育的重要任务，但这只是人类活动的手段，而非根本目的。高等教育目的的实现需要一种有效的社会制度保障，这种制度是在一种社会普遍承认的价值观引导下进行的，而这种价值观又是文化能够存在的关键，高等教育活动的根本目的是使人获得精神自由、个性化的高等教育，是以学生的最大受益为目标，以适合学生最大的发展为目标，以学生最后成为社会上独立自主的人格和自我发展能力为目标。它打破了高等教育原有的统一格局，理顺了学术、行政权力和市场的关系，鼓励学生进行自主选择，形成学生的个性特征，为学生的发展提供机会。只有物质基础高度发达，大众才有机会接受高等教育；只有多种知识存在，大众接受高等教育的多样性、个体性才有可能；也只有大众建立起了以尊重个性为核心的价值观念体系，才能把以人为本、人的全面发展，作为高等教育活动的最高目标的文化价值观。显而易见，高等教育的真正转型就发生在价值观的层面上，崇尚知识的实体价值，大学生的自主性得到充分发挥，市场组织作用应充分利用的时候，高等教育才能更好地走向大众、走向个人、走向个性，变成个体的一种生活方式，成为现代社会的一种基本形式，其教育的个性化、个性的张扬，是个性平等主义的理想和个体潜能充分实现的最高理想。

当前，我同的高等教育从毛入学率来看早已经进入大众化教育阶段，但是，从社会物质生活水平看，高等教育大众化体制还处在构建之中，以尊重个性、给个性以平等发展的机会的价值观还远没有形成。

第四节　充分认识高等教育大众化对学生 管理工作的挑战

高等教育大众化并不仅意味着数量的增长，量积累到一定程度必然会引起质变，并相应带来教育观念的改变和教育方式的创新。以前，高等教育的主要矛盾是量的供应不足，人民群众"上学难"是瓶颈制约；而今，70%的高考录取率使上大学不再是遥不可及的梦想。人民群众的要求逐渐由"上大学"提升为"上好大学",他们对大学的选择性在增加,对优质大学的期待在提高。因此,高等教育的主要矛盾势必从量的扩张转向质的提升。高校学生管理工作者还应该意识到,社会用人体制环境所面临的根本变化要求高校育人模式做出相应改革。以往精英化的高等教育面临的是计划经济体制,大学生本身数量不多,又统招统配,甚至供不应求;而大众化的高等教育使得毕业生数量远远多于精英化阶段,但他们面临的却是竞争日趋激烈的市场经济体制,这对学校、学生甚至全社会都是一个严峻考验。著名学者顾明远先生曾指出:"传统的大学只是培养少数社会精英,现代大学主要培养大批服务于社会各部门的掌握科学技术和一定专业的人才。"这是对高等教育两个不同发展阶段的重要阐述。这就要求我们必须紧扣市场脉搏,转变人才培养模式,力求以质取胜、以特取胜,不断增强学校的办学实力、发展潜力、招生吸引力、育人竞争力,否则就难以生存发展。那么,在高等教育大众化的背景下,高校学生管理工作存在哪些问题和挑战呢?

一、挑战旧有的人才培养目标

"降格以求",高等教育在管理模式、招生要求、培养层次、学习年限、毕业资格等诸方面都不同于传统的精英教育。因此,在高教大众化条件下有针对性地做好高等院校的学生工作,必须明确我们人才教育培养的定位和目标。应该认识到,高校之间存在巨大的差异性,具体表现在办学类型、办学规模、办学层次、办学资源等多个方面。高等院校应根据不同的办学层次,在人才培养目标的定位上加强调查研究,按照最优化的原则确定不同专业、不同层次、不同培养途径,形成风格各异的人才培养模式。学生工作必须根据培养目标,有的放矢,在不同质量规格人才的培养上选择教育管理重点,提高教育管理的有效性。

二、挑战旧有的学生管理理念

长期以来,教育、管理和服务被认为是学生工作的主要职能,但学生工作的创新教育职能却往往未被重视。甚至有人把学生工作等同于行政管理工作,认为学生工作就是保一方平安,不出事就完成任务,所以只有在敏感时期才显得重要。学生管理工作者"不求有功,但求无过",创新意识不足、定位不准、重视不够,难于发挥学生工作创新教育的功能。以教学代替教育的观念导致重教学工作、轻学生工作成为普遍现象,而由于学生工作成效很难量化,导致对学生工作的育人功能未能加以充分认识,往往使人们认为学生工作是可有可无,无专业可言。学生工作人员理念不新、人员紧缺、素质不高,难于承担学生工作的创新教育,只局限于一般性的教育和管理工作层面上,没有认识到自身担负着学生素质教育特别是创新教育的重任,尚未对创新教育引起足够的重视。

三、挑战旧有的管理模式

中国传统的教育体系中,"精英教育""应试教育"一直位居主角,管理模式以包办为主。这意味着管理行为的直接性以及手段、方式、方法的强制性,主要表现为对学生思想和行为的"硬约束",对学生的态度是"管你没商量"。学生教育管理的规章制度繁杂细腻,在投入大量的人力、物力和财力的同时,忽视了学生参与管理的积极性,降低了学生自我管理的主动性,使学生难以实现由衷的思想转变和形成良好的自我约束机制。更应该值得注意的是,这样的管理方式还在一定程度上束缚了大学生的个性,抑制了学生的思维发展。应该说,高校学生工作在长期的实践中积累了许多丰富的经验,并形成了许多行之有效的途径和方法,如思想教育实施方法中注重说服教育、情感感化、正面灌输、典型示范等。这些传统教育模式主要依靠行政指令性手段,易于操作,有较高的工作效率和教育效果,在思想政治教育过程中,一定程度上仍具有一定的有效性。随着高等教育的大众化,原有的办学理念、工作方法亦随之发生了变化,而原有的思想教育方法则易给人以严厉教化、刻板生硬的感觉和印象。其部分内容亦存在着与社会发展要求、与学生思想实际脱节的矛盾,无法满足培养多样化、个性化人才的需要,不能适应学分制的教育管理改革,容易导致理论说教和行为虚化。目前,一般院校逐步推行选课制、学分制、弹性学制,学生对学习时间安排、学习方式,甚至学习课程、授课内容等都具有一定的自主性和选择性;同时,随着高校后勤社会化改革的进一步深入,学生的思想、学习、生活等方面出现了众多的新情况、新问题,在学生工作管理模式上应体现更加灵活和务实的态度。

四、挑战学生管理工作人员的数量

随着几轮高校的扩招,许多高校辅导员数量离国家的有关规定比例配置有较大距离。学生管理工作人员忙于日常工作,根本没有"充电"的机会,业务水平得不到提高,队伍素质得不到提升;自身对新知识、新科技学习不够,难以担当学生成才的领路人。由于日常事务繁多,不少学生工作人员陷入繁杂的事务中,一些人又不注重工作总结与创新,对一些沿用的工作方式、内容和范围很少思考和改进,缺乏创新意识和勇气,导致学生工作创新教育形式和载体不多,无法适应创新教育丰富多彩的个性化要求。更严重的是,学生管理工作人员数量不足,导致对教育对象的漠视,从而难以了解学生的思想动态,无法有针对性地开展工作。由于高校的大幅度扩招,高校的门槛降低了,就生源质量而言,学生个体在知识掌握和能力发展上的客观差异凸显。从生源来源看,统招生、单招生、成教生、民办生并存,呈现出多层次、复杂化格局。此外,从专科生到研究生不同培养层次以及普通高教与高职教育不同的教育类型,客观上都要求对学生的教育管理采取不同措施,因势利导、因材施教,从而增强工作的针对性和有效性。与此同时,在学生思想体系形成中,多元价值观和多元文化的碰撞、冲突,又往往使成长中的学生的思想认知和行为判断产生迷茫。少量媒体对各种思想的片面渲染和误导、少数家庭的缺陷、地区差异带来的教育发展的不平衡,以及高考制度改革,使大学生群体的社会构成渐趋复杂,素质状况呈现多层次性,凡此种种,都需要高校学生管理者去了解。

第四章 网络时代高校学生管理工作的新挑战

第一节 网络时代的来临

一、互联网在我国的迅猛发展

不可否认，互联网已渗透到社会生活的各个角落，对人们传统的生产和生活方式产生了巨大冲击。它正以席卷之势扫荡着我们这个古老的星球，人类的生活方式正在经历着脱胎换骨式的伟大变革，网络时代已经来临。人们的情感理念、价值取向、道德标准、思维方式、行为习惯等，都随之发生了巨大而深刻的变化。自 1994 年中国接入互联网以来，中国互联网用户的数量增长迅猛。互联网在中国已表现出前所未有的生机与活力。新华网北京 7 月 23 日电，中国互联网络信息中心（CNNIC）23 日在京发布了第 46 次全国互联网发展统计报告。报告显示，较 2020 年 3 月我国共新增网民 3625 万人，截至 2020 年 6 月，互联网普及率为 67.0%，我国网民总数已达 9.40 亿人。

中国正在进入大众网络时代，在 2 亿多网民中 35 岁以下的青少年占 80% 以上，这一状况反映出青少年对互联网的热爱，也从另一方面折射出网络给青少年成长带来的重大影响。互联网带来高科技，同时也带着污泥浊水及沉渣浮滓的虚拟社会向我们冲击而来。对青少年来说，它既是有利的，又是有害的。说它有利，因为它给青少年铺设了通向知识海洋的广阔大道，迎来了"神童"辈出的时代，也舒缓了人们的心理压力与烦恼；说它有害，因为它充斥着暴力、色情、赌博、诈骗等不良内容，从而吞噬着青少年的求知心智和原本善良的情感，也吞噬着他们宝贵的青春时光。因此，一些缺乏分辨力的青少年如果草率盲目地投身其中，就很容易造成严重的后果。

据估计，我国有近 300 万青少年上网"成瘾"，当中有不少人分不清现实与虚拟世界，他们的正常生活、学习以致身心健康都受到了严重影响，他们甚至走上了自杀及犯罪的道路。为此，一些家长谈"网"色变，把互联网当作洪水猛兽和可怕的妖魔。"网瘾"成为社会顽疾。它不仅反映出家庭教育、学校教育的失误和青少年时期人格的缺陷，更是当今网络与电子游戏产业的繁荣背后的副作用，是诸多社会问题集结形成的。中国互联网络信息中心（CNNIC）日前发布了《第 46 次中国互联网络发展状况统计报告》，报告显示：截至 2020

年6月,网民中网络游戏用户规模达到5.40亿,较2020年3月增长了805万,占整体网民的57.4%,其中手机网络游戏用户规模为5.36亿,较2020年3月增长了699万,占手机网民的57.5%,其中16~30岁的用户比例居高不下,并已成绝对主力!就像汽车工业的发达同时带来"堵车"和车祸现象频频发生一样,这是一个不可避免的客观存在的矛盾。但是,这并不意味着我们可以熟视无睹,而是应设法把"网瘾"的危害降到最低点。

为了包括大学生在内的青少年的健康成长,我们必须以积极的思维和心态去面对网络,因为网络已成为人类生存的第五要素(空气、水、衣、食之外)。那些一头扎进"网海"不想上岸的"两瘾"者,和那些"谈网色变"的人,都将被时代淘汰"出局"。如果不愿悲剧发生,就需要提升自我素质,优化在线行为,打造新型的、健康的"两栖型"自我,只有成为"两栖型"的高级人才,才能立于不败之地,赢在网络时代。

二、网络改变生活

互联网作为新型信息传播技术,正在改变传统媒体的作用和人们日常交流的方式,也正在一定程度上开始改变政府和民众交往的方式,并且作为一种开放的技术,正对中国相对封闭的传统、文化和体制产生深刻的影响。中国社会科学院社会发展研究中心分别于2005年、2008年和2014年实施了"中国互联网使用及其社会影响的问卷调查",对网络的社会影响进行深入研究。调查的城市包括:北京、上海、广州、成都、长沙,调查对象为城市常住人口中年龄为16~65岁的男女居民,调查方式为随机抽样、入户后由被访对象直接填答问卷。最终获得有效样本2376个,其中包括网民样本1169个,非网民样本1207个。与传统的媒体电视、报纸等介质不同的是,互联网是一个综合的信息高速公路,涵盖了各种传播方式,传播各种信息、内容、产品和服务,扮演着众多的社会角色。一方面,网民使用互联网的感受以及非网民通过传统媒体对互联网的了解,会影响人们的认知;另一方面,这些对互联网的认知也会反过来影响人们是否使用互联网以及如何使用互联网。通过问卷调查我们可以看出,把互联网看作信息中心的人最多(占被调研者的79%),其次是新闻媒体(55.1%)。而由于网络经验的不同,网民对网络各种功能的认知程度都高于非网民。实际上,互联网作为信息和新闻的传播媒介只是其众多强大功能中的一项,但是在中国互联网发展的第一个10年中,这个功能得到最大限度的彰显,成为公众对互联网的首要印象。从理论上讲,互联网信息传播的迅速、快捷和互动等优越性的确能够更好地满足人们对于信息的需求,而实际上,互联网也的确成为广大网民甚至传统媒体获取新闻和信息的重要来源。调查数据显示,网民使用最多的就是网络新闻(65.9%),相比美国、英国等西方国家来说,这是中国网民上网的重要特色,因为西方国家90%以上的网民首要的上网活动是电子邮件,而在中国,经常使用电子邮件的网民连一半都不到(44.8%)。这个结果一方面是可喜的,可见我国网络媒体的繁荣;但是另一方面,这也说明中国的互联网使用处于初级阶段,人们上网从事经济活动、通过网络进行工作和学习的比例还很低。这是令人遗憾的,因为互联网不同于传统的任何一种大众媒介,它是社会基础设施的一部分，就像工业时代修建铁路和高速公路一样，而不仅是传播信息的媒介。如果将网络媒体和电视、报纸等传统媒体进行比较，就可以发现，虽然互联网在中国公众的心目中扮演着重要的新闻媒体角色，而且网民首选的上网活动就是阅读网络新闻，但由于目前中国互联网的普及率还很低，从人们对各种媒体的选用情况看，传统媒体仍然保持着绝对优势。本次调查表明，电视仍然是强势媒体，普及率达到97%，其次是报纸（86%）、书籍（56%）、杂志（53%），互联网的普及率在五大城市中达到49%，仍然次于前面几大媒体，已经超过了广播的普及率（38%）。

然而，如果单独考察网民使用媒体的情况，则可以看出，被访网民平均每天使用网络的时间（不到3个小时）已经多于看电视的人平均每天看电视的时间（将近1个半小时）。并且，1/3左右的网民上网后使用其他大众媒介的时间减少了。具体看来，43.2%的网民上网后听广播的时间减少了；39.3%的网民读杂志的时间减少了；32.5%的网民上网后看电视的时间减少了；29.8%的网民读报纸的时间减少了。由此可以看出，对网民来说，网络的重要性已经超过其他媒体，这是非常具有标志意义的。

从理论上来说，大众传播由于其从点到面的信息传播方式，通常起着"权威"和"中心"的作用，而这种作用在任何一个社会都是必不可少的。但是，这种传播方式的介质则有可能随着信息技术的革新而有所变化，以电视、报纸为代表的传统媒体虽然在目前仍然处于优势地位，但随着互联网传播优势的不断扩大，尤其是将互动特性融入大众传播中，不但改进了昔日传统媒体的传播方式，而且越来越多地吸引人们通过网络来获取信息，这给传统媒体带来了实实在在的挑战。这意味着，传统的媒体不但在技术上要向新技术靠拢，而且在传播的观念上要向新媒体学习，我们已经看到了可喜的变化趋势，越来越多的电视和报纸不但纷纷有了网络版，而且在节目和内容上更加互动化和人性化了。

从网民的网上行为来看，网民上网使用最多的是新闻，其次是一般浏览，接下来的三项则是与娱乐有关的游戏、下载音乐和寻找娱乐信息。然而，我们进一步分析网民首选的阅读新闻的内容，可以看出，网民上网阅读新闻最多的还是和娱乐有关的新闻，其次才是国内时事、社会生活和国际时事。此外，网民玩游戏的比例高达62.2%，仅次于阅读新闻和一般浏览，这个比例远远高于美国、英国、德国等互联网发达国家。

网络世界，让无数的人感受到了它的神奇和魅力。无数的网民置身于网络这个虚拟却不虚幻的世界，尽情地畅游。"知识改变命运，网络改变生活。"在当下中国已经成为一种现实。近年来，随着互联网的兴起、网民数目的增加、网民参与社会事务热情的提高，在互联网上表达民意形成了前所未有的开放局面，人民网、新华网等主流网络媒体，以及天涯社区等著名门户网站，为民意的表达提供了强大的平台。点击"强国论坛"（人民网）、"新华论坛"（新华网），围绕各种议题、各色事件，网民的热烈讨论尽收眼底。网民有什么真知灼见，都可以毫无保留地说出来。广大网民对社会生活各种议题的观点也受到相关政府部门的高度重视，这些政府部门将网络民意视为决策的依据之一。今天，广大网民深切感到以网络为媒介的政府—民间新互动模式已经成为中国政治文明的元素。

从"总理上网"到"两会博客",网络传播方式为公众表达民意、参与经济社会和政治生活提供了新的舆论平台。对越来越多的网民而言,网络是他们积极参与社会管理的有效渠道,也大大提高了他们对公共事务的参与度。互联网使人们发表意见的渠道更畅顺,政府与人民沟通的平台更宽广。在较长的时间内,老百姓多是"不在其位,不谋其政",很重要的一个原因是"想谋也难"。只有在互联网时代,中国任何一个角落的百姓心声都有可能传达到共和国总理的面前,是互联网让普通人与同一时空下的更多人更多事产生交集。"事不关己,高高挂起"的旁观者心态,被"国家兴亡,人人有责"的公民意识所代替。这种对公共事务的参与意识,对中国的时代发展具有不可忽视的意义。

第二节　大学生上网情况的调查与分析

大学生作为最活跃和最富有创造力的群体,对新事物充满好奇心,而互联网以其信息快、内容新、手段先进等优势迎合了大学生的好奇心,引起了他们的特别关注和兴趣,激发了他们学习和掌握网络知识和应用技能的欲望。同时,网络平等自由的氛围适应了当代社会中对自由、平等呼声最高的大学生群体。在网络这个虚拟空间里,种种现实社会的限制都消失了,只要参与进来,任何人都是互联网的"主人"。

作为网民主体之一的大学生的上网行为是否健康,直接关系着网络文明乃至整个未来社会文明的进程。掌握大学生上网的基本情况,对加强高校的网络阵地建设和培养高素质的大学生网民都具有重要意义。调查表明,大学生网民在看新闻、查信息、收发邮件、下载软件或资料、制作主页、跟帖灌水、交友聊天和娱乐休闲等常规上网任务项中,前三者的比率较高,分别占到66%、67%和68%;上网目的只为完成上述内容的某个单项或双项者占24%,76%的人上网是为了完成上述3项以上的多重任务。人均电子邮箱2.46个,每周人均收发邮件3.34封。做过版主和建有个人主页者的比率分别为10%和15%。现在不少大学生都建有自己的微博。

交友聊天是大学生上网的一个普遍现象。网友个数少于5~6、10~11、20和20以上者的比率分别为42%、24%、14%和21%,其中16%的人交有同性网友,交异性网友者多达65%;有大龄网友者仅占4%,而有同龄网友比率高达79%。交流思想感情和相关信息是网聊的经常性话题,分别占到63%和53%;同时,也有少量的胡扯和对骂现象,分别为17%和5%。12%的调查对象有过网恋经历。在对网恋的态度方面,11%的人认为网恋是理想恋人的又一有效途径,13%的人认为网恋纯粹是胡闹而应予以反对,而77%的人则认为网恋不应提倡但也不反对。在上网与学习的关系方面,有6%的人认为上网耽误学习,18%的人认为上网可促进学习,而81%的人认为上网虽不能直接促进专业学习但可以增强综合素质。认为网上信息可信度较高、一般和较低者分别为11%、73%和16%;对网上的传闻和性内容等不健康的东西感兴趣者为16%,厌恶者只有12%,72%的大学生网民则表示"不太关注"。有 29% 的人崇拜网上黑客，27% 的人明确表示反对，而 44% 的人则表示有机会也想试试。最受大学生喜爱的网络内容是新闻时事、校友录、娱乐和体育等。大学生对网络分类信息重要程度的排名是：新闻时事、百科知识、专业知识、电脑网络、娱乐休闲、网络书籍、招聘求职和其他（卫生保健、网络广告和网上购物等）。

调查结果表明：不同性别的大学生网民在上网行为的诸多方面存在着较为明显的差异。总的情况是，女生的上网素质比男生要高：上网率高、网龄长、网友多和网德好。在网聊话题方面，女生交流感情和信息的比例明显高于男生，而胡扯和对骂的比例又大大低于男生。在网上信息可信度、上网与学习的关系、对网上传闻和性内容的态度、对网络文明的看法、对黑客的态度、网站排名和内容排序等方面，男女生没有明显的差异。

大多数大学生网民都能认识到网络的两面性。对网络这把双刃剑，他们认为应取其所长，避其所短，以其之长为我所用。许多人认为，作为新世纪的大学生，所受到的教育不应仅仅是书本上的一些概念，更应该接受新事物和新信息，而网络就是新事物的代表。网络来了，挡也挡不住，这是时代发展的必然，应该通过网络及时地使自己跟上时代。不能很好地掌握或利用网络资源的大学生并不是一个合格大学生。

许多大学生都希望学校能开设网络资源利用专门课程，引导大学生合理利用网络资源，帮助学生建立个人主页，学习相关的流行软件等，以提高其上网技能。大学生对目前多数高校网站的现状很不满意，认为其内容枯燥、形式呆板、模式雷同、缺乏吸引力且管理较乱。他们认为，高校网站应在以学生为本、为学生服务中树起自己的品牌形象。建设好高校网站，一是要针对大学生群体，注重对国内外重大科技、新闻时事和社会焦点、热点的报道。二是要与学生的学习进程相结合，在网站中设立学习和答疑专栏，介绍课程的学习方法，并有教师在网上高层次地分析和阐述学术问题或发表学术论文；及时发布各类诸如学习、考研等信息，让每个学生都可以通过注册用户进行即时查询以及与教师或他人交流。三是设立心理咨询栏目，帮助学生解决成长中的疑难问题。四是高校网站要有不同观点，让学生参与进来发表自己的思想和见解，并利用网络沟通；多给学生一些自由发言的机会，可以向校长直接反映心声。最后，加强对留言板和 BBS 的管理。毕竟校园是一方净土，高校网络应不同于大众 BBS，应提倡校园网络文明的发展。总之，大学生希望高校网站应该建设成为一种学生与学生、学生与老师、学生与学校、学校与学校沟通的桥梁。

第三节　网络时代高校学生管理工作的新机遇

一、网络对大学生学习和生活的正面影响

（一）网络成为大学生获得知识和信息的有效途径

网络是巨大的资料库和信息服务中心。大学生们可以超越时空和经济的制约，最快地查找学习资料，学会更多课堂以外的知识，从信息中获取养料，完善知识结构；同时，网

络又为大学生提供了角色实践的舞台,大学生在这里可以大胆尝试,不断开拓。计算机网络的逐步普及,使得大学生能够从网络上获得千变万化的时代信息和人文科技知识,广纳精华,汲取各种知识营养,发展和壮大自我。通过上网,社会经验不足的大学生得到充实和提高,他们可以通过网络了解校园文化、社会热点、国家大事、国际风云;了解政治、经济、文化、军事、哲学、科技的发展动向、历史沿革;进行休闲娱乐、感情交流、学术讨论等。所以,网络在很大程度上可以使青年大学生得到各方知识的陶冶和锻炼,成为象牙塔中的社会人。网络作为一种教育手段,具有信息量大、传播速度快、影响范围广等特征。它不仅丰富了教育内容,拓宽了教育途径,帮助大学生在广阔的环境中学习和积累知识,而且有利于大学生发展和形成个性。尤其是校园网和思想政治网的建立和发展,为大学生接受知识提供了更有利的条件。高校管理者甚至可以通过网络了解到更为真实的学生思想动态,从而提高思想教育工作的针对性。

当前,我国仍以传统的灌输式教育为主,因材施教的方式很难做到,但登录各种教育和科研网站,则可以弥补这一教育空白。英语四六级、考研网站,各种层次计算机学习指导网站,数理化、历史、地理、医学、生物等各科目类别,大学生可登录相应站点,进行自学辅导、作业测验、大考冲刺、升学模拟考场等。每个大学生可以根据自身发展需要,浏览不同网页,来给自己加压充电。另外,大学生还可以从网站上浏览和学习本高校不具备而其他高校具备的相关教学资料和实验条件,借鉴学习方法,达到居一校而学各高校,知己知彼、扬长避短的效果。

(二)网络有利于大学生开阔视野,培养创造型思维

网络是知识和信息的载体,作为一个全新的事物进入我国,引发了创造性极强的大学生群体的极大好奇。也正是基于网络本身的广泛应用和软硬件技术的不断改进和更新,给广大学子带来了极大的创造空间:网页制作、电脑设计、三维动画、工业造型、电脑预决算、网络科研项目、网络课件教辅、远程教育技术服务、大学生网络创业大赛等,无不在内容和形式上造就了大学生的创新欲望。于是,一大批以在校大学生为核心的电脑公司、网吧公司、信息公司等学生企业应运而生,推动并引领了当今高校学子的无限创造激情,也给国家的未来和现实的经济发展带来了生机和活力。据调查,国际知名品牌"海尔"就从全国各高校挖走了大批在高校学习中创造性极强的学子担当其技术核心力量,"北大方正""清华同方"旗下更有大批优秀学子的创造身影。据悉,每年各高校不断涌现大学生国家创造发明专利和技术项目的拍卖。同时,网络时代的发散性思维方式取代了传统思维所固有的较狭隘、死板的弊端,有利于培养大学生的发散性思维,帮助他们正确地看待周围的人和事,树立科学的人生观和世界观。

(三)网络扩大了大学生的人际交往范围,有助于建立良好的人际关系

心理学家普遍认为,良好的人际关系是心理健康的标准之一。相关实证研究也表明,

人际关系与个体心理健康有着密切关系，有助于个体心理健康。一个缺少朋友，不能与他人和谐相处的人，一定是心理不够健全的人。不同学派的学者，无论是在心理疾病的原因探讨还是心理治疗技术的研究中，都非常重视人际关系的地位和作用。沙利文认为精神病包括人际关系中不适宜的整个领域，主要是由于患者的童年人际关系被破坏，从而产生严重的焦虑感，导致精神的分裂。在人本主义心理学者那里，人际关系与心理健康二者的关系问题更是被看作心理健康和治疗研究的中心问题。他们认为，自我实现者的重要特征之一就是能够与他人建立良好的人际关系。认知心理学倾向的学者则主要从人际问题解决方面对人际关系与心理健康间的关系进行了深入探讨。

人际关系冷漠是现代社会生活中日趋严重的一种社会病。人们在钢筋水泥的森林中孤独地出没，急切需要快捷、便利、自由的交际方式。网络交往使得人们的交往空间扩大，人际沟通的时效性、便利性和准确性提高，有利于良好人际关系的建立和发展，并且给学生网民心理健康带来积极的影响。在传统交往方式下，个体的人际交往常常囿于实际生活中狭小的生活圈子。网络社会的人们却可以跨越千山万水，突破地域空间的限制，让整个地球变成一个小小的村落，真正实现"我们的朋友遍天下"。它可以让人足不出户在数秒之间找到多年挚友般的倾心感受，而免去彼此的客套、试探、戒备和情感道义责任。同时，由于网络人际交往的匿名特点，学生网民间一般不发生面对面的直接接触，使得网络人际交往比较容易突破年龄、性别、地位、身份、外貌美丑等传统人际交往影响因素的限制，建立更为和谐、民主、平等的人际关系。

电脑网络不仅使一般的社交便利性提高，社会圈子扩大，而且解决了某些具有特殊困难者的社交问题。例如，严重急性呼吸综合征（SARS）横行，中小学生在家中利用网络学习、交往、聊天谈心。又如，一个严重的面部烧伤病人，可能因为变形的面部使得很多人不愿或不敢接近；一位行动不便者可能囿于一隅无法让自己走入他人的生活圈子；边防哨卡的士兵可能因为交通不便和职责原因，无法与外界沟通……电脑网络为这些特殊的人提供了人际交往的全新天地。此外，电脑网络也可以作为某些社交恐惧症患者系统脱敏治疗过程中的初级训练工具，让他们首先通过电脑网络与他人进行无须直接面对面的接触和沟通，建立起人际交往的信心，随后再进行现实的人际交往训练。网络最突出的优点是它的交互性，它既是信息的载体，又是媒体中介，实现了人与人之间交流的通畅。花样繁多的论坛、聊天室、虚拟社区、情感驿站等使广大学生网民可以直抒胸臆，发表自己的见解和看法，并充分表达和表现自我，结交各种朋友，相互介绍经验，共同进步。目前，在校大学生大多数为独生子女，他们渴望与同龄人交流并得到认可。但独生子女在家庭中处于中心地位，在走出家门的人际交往中往往受到强烈的冲击和挑战，许多心理和情感苦恼常会不期而至。高校大学生问卷调查显示，大学生心理障碍严重影响学习和生活。很多案例显示，有的大学生因此形成畸形心理并导致多种不良后果。同时，大学管理机制与中学不同，人际真情沟通减少，学业和未来择业的压力迫使各个学子为学习而疲于奔命，但是，校园文化的丰富多彩又引发不定时人际情感交流的增加，这样，网上交友就解决了专心学习和择时交友的矛盾。因为网上交友是"点之即来，击之即去"的速成交友方式，可以按大学生的学习闲忙而调度。大学生在网上既可以推心置腹，抒发情感，交流思想和心得，又可以大发牢骚，排遣抑郁，达到缓解学习和精神压力的双重功效。

（四）网络为缓解和宣泄大学生个体的不良情绪提供了良好途径，有助于提高其心理健康水平

现代心理治疗理论非常重视宣泄在心理健康维护和治疗中的作用。心理咨询和治疗者的重要任务之一就是为受到压抑的心理症结提供宣泄和释放的渠道。但是，由于传统观念和行为习惯的影响，很多人在遇到各种烦恼和心理问题时，往往没有勇气或不习惯找心理医生，也不愿意向身边熟悉的人倾诉。这种忌"心病"现象和"家丑不外扬"的普遍心态显然不利于个体心理问题的及时解决，也不利于个体心理健康。电脑网络的匿名性特点为学生网民不良情绪的及时释放和网民之间的情感帮助、心理支持提供了新渠道。

目前，互联网上的心理健康站点主要包括高校心理学系主办的站点或主页、网络心理医院站点或主页、个人创办的专业心理网站或主页、心理学杂志社的站点或主页以及其他网站的心理专栏等。这些心理学的专题网站或主页尽管各自的侧重点有所不同，但它们都自觉担负起了普及心理健康知识、提供专业心理援助的责任。其主要内容涉及心理健康知识、心理健康状况检测、网络方式的心理咨询与辅导、心理医院和心理医生的介绍及求医预约、心理健康研究动态等，虽然由于受经验、人手和资金等诸多因素所限，这些网站或主页的内容还不十分齐全，质量也参差不齐。但是，它们既方便快捷又具有较好的保密性，因而受到网民的广泛青睐，确实在一定程度上对网民的心理健康辅导起到了积极作用。

同时也应该看到，个体心理健康水平存在很大程度的差异，低层次的心理健康指的是没有心理疾病症状，高层次的心理健康是指人的潜能得到充分发挥或"自我实现"。因此，即使是正常人也要不断提高自己的心理健康水平。较好的心理健康水平往往意味着个体各种心理素质和谐发展。网络则有助于提高网民的自信心，激发他们的想象力、求知欲和创造性，不断提升网民的心理健康水平。网上各电子网站的个人主页为学生网民提供了一个施展才华的新天地。

（五）网络在指导大学生就业方面有着得天独厚的优势

正如在本书第一章所述，随着我国高等教育从精英教育到大众化教育的转型，招生规模日渐扩大，升学人数不断增加，就业形势日趋严峻。大学生如何在激烈的就业竞争中找到适合自己的工作，是一个严峻的现实问题。近年来，网上就业指导已具雏形，据有

关资料统计，2000年，建有就业网站的高校还不到10%，但到了2004年初建站学校的比例已达到80%以上，并且很多高校毕业分配办公室已越来越将网络指导就业作为一个主要渠道来抓，许多高校校园网上"就业指导"专栏信息量大、功能完备，保证所有新的就业信息可以及时上传。

网络承载的信息不同于传统的广电新闻，它突破了时空限制，使用者根据需要，可以随时点击浏览、比较总结；同时，网络招聘范围广、信息量大，大学生可以从网上浏览企事业单位的背景和详细资料及其发展演变情况，比现场招聘了解到的企事业单位的信息要全面，因此，具备一定计算机专业知识的大学生纷纷利用网络求职，在网上为自己选择单位。据智联招聘发布的《2021大学生就业力调研报告》显示，通过招聘网站求职成为主流求职方式，占到了86.5%；同时，网络招聘快捷方便的优势对于兼有经济压力、学业压力的大学生可以节约资金、时间、精力，在较低成本下，提高了学生和用人单位的接触频率。

二、网络时代高校学生管理工作的新机遇

就教育主体而言。网络时代对教育主体提出了更高的素质要求，无论是学校政治思想教育指导思想的摸索、制定、贯彻，还是信息系统的建立、维护和改善，都离不开一支既有过硬的思想水平和觉悟，又具备较高的网络管理才能和信息时代思维方式的教师队伍。高校教师应加强计算机及网络技术的学习，把网上研究与学生工作紧密结合起来，成为学生在信息世界中的指导者和组织者；应该树立一种"教会选择"的观念，调整自己的角色，从"教会顺从"的训导者变成"教会选择"的指导者。

（一）就教育客体而言

网络为学生打开了沟通世界的大门，扩大了学生的交往面，但过度依赖网络，采用匿名的间接交流方式，逃避直接交往，不益于心理健康；网络让学生更自由地表达自己的思想，但往往过度自由、无约束，各种虚假、错误信息充斥于网上，缺乏明确的思想导向；网络有利于学生了解多元文化，但国际上的强势文化也趁机冲击着学生正确的世界观、人生观和价值观的形成。网络互动使学生人际互动的范围扩大、互动主体性增强、互动互助性增强。网络打破了语言、地域、身份、地位、社会制度、文化背景甚至心理等局限，扩大了人们的交往范围，从而有利于促使学生关心全人类，加速他们在世界大范围的社会化进程。但由于学生自身社会化不足、自我约束力不够，也会引发一系列问题，如民族认同感的淡化、自我角色失调、人际异化和自我异化等。

（二）就教育环境而言

网络促进了人类文明成果的大交流和世界文化的大创新。这些新的人类文化成果丰富了学校德育的内容，扩展了德育的文化视野，形成了一个新的学校德育文化媒体环境，对学校德育有远大的积极意义。但网络环境具有易变性和难以控制的倾向，对我国

社会的正规教育是一大挑战。网络形成了新的德育环境，传播的内容具有公开性、不可控制性的特点，使得青少年能够突破传统媒体对不良信息的限制，使以往所强调的"正面宣传""突出主旋律"的传播原则受到了挑战。网络媒体环境的公开性为青少年学生的社会化创造了更为开阔的空间和更为便利的条件，网络所构筑的虚拟环境为学生提供了更大范围的社会实践环境。但青少年学生由于过早了解成人社会的内容，从而在社会化过程中趋于早熟，并且更快地世俗化，这对他们人格的发展不利。

（三）就教育内容而言

在网络时代，人们的交往方式、思想观念、道德价值取向发生系统的改变，并产生一些新的道德需求，现实的道德规范在"网络社会"中已显得不足或过时，为了适应这一全新的社会环境，需要建构新的道德规范体系。现实德育必须重构自己的道德内容。因此，网络时代，学校德育的内容应注重培养学生自主的选择判断能力、自律意识和自我约束能力。

（四）就教育效果而言

网络作为一种沟通途径，有利于促进师生双方的沟通，有利于提高德育实效。另外，网上资源丰富，信息共享，亦有利于提高教育者的视野，从而提高德育的质量。利用网络技术形成生动活泼的虚拟现实生活环境，可以为学生进行各种价值选择实验提供虚拟体验，提高学生的兴趣，从而提高德育效果。但网络信息环境的开放性和难以监控性容易对德育效果产生消极影响。

首先，网络时代的来临有利于提高高校学生管理工作的针对性，为高校学生工作奠定良好的思想基础。在传统的高校学生管理模式中，学生处于一种接受知识的地位，不利于学生思维的发挥，学生的创新精神被排斥或限制；而在网络环境下，网络文化的强烈开放性和全球化、数字化、虚拟化等特点，使学生可以自由、平等地体验网络文化带给人们的新境界。学生由传统的被动式接受知识的"灌输"教育转化为主动参与思想交流，赞成什么、反对什么，均可以在网上袒露无疑。这使学生工作者能够获得真实的思想信息，为学生工作的研究及开展针对性和及时性教育提供了契机。同时，学生工作者也可以在虚拟的网络世界里发布有益的信息，对大学生的思想进行积极引导，这对于提高教育的效果也具有重要意义。

网络文化迅速占领校园，显示了其强大的生命力，备受大学生的欢迎。它极大地刺激了大学生的创新意识、竞争意识和实效意识，落后、封闭、保守的观念被他们抛弃。它也开辟了大学校园文化的新领域，形成了新的文化范畴和文化精神，使大学生在道德观念、生活态度、思维方式、行为模式、心理发展、价值取向等方面表现出新的发展与提升。这在客观上为高校学生工作奠定了良好的思想基础。在网络中，学生乐于敞开心扉说实话，自由发表意见和见解，这有利于高校思想政治工作者能够更迅速、更确切地了解学生的思想情绪,掌握其思想动态和利益要求,从而把握其思想脉搏和心理脉络,并对症下药,做好教育与引导,从而增强工作的时效性和针对性。

其次,网络的特点使高校学生管理工作更具亲和力和人情味。网络具有开放性和虚拟性,网络信息具有可选择性和平等性,在网络世界里没有权威,这使得学生管理工作更具亲和力和人情味,能够取得更好的教育效果。在网络中,教育工作者与学生之间的地位是平等的,教育工作者不是提供"说服",而是提供影响、选择和引导。在网络时代,思想政治教育工作可以融入网络的各种形式中,把正确的人生观、价值观、世界观渗透在其中,以增强感染力和影响力。同时,网络的发展使高校学生管理工作可以摆脱时间、空间的限制,迅速而广泛地传播。网络作为新的通信手段,信息传递迅速、高效,大大提高了思想政治教育工作的效率。

再次,网络的发展为加强和改进高校学生管理工作提供了新的渠道和手段,使工作手段更加多样化,工作方式更具灵活性。在学生工作中,传统的思想教育模式是报告会、演讲、墙报、专刊、社会实践及各种寓教于乐的校园文化活动;而在网络时代,随着大学生上网普及率的提升,思想政治教育的方式和手段更加多样化,如网上讲座、博客、网络论坛(BBS)、微博、电子信箱、网上交谈、红色网站、热线服务等,这些都为高校的学生工作注入了新的活力,这些新方法受到了大学生的欢迎。因此,充分利用好网络,可以使高校学生管理的工作做得更加有声有色。网络还具有资源共享的特点,这为高校思想政治工作占领网络思想教育阵地提供了极大的便利。网络是一种极具感染力的传播媒介,它将文本、声音、图画等信息集于一体,能够激发学生的求知欲和想象力,也符合大学生要求自主发展的心理,有利于调动他们的自觉性和主动精神。高校学生管理工作可利用网络特有的信息高集成性、互动性和可选择性,促进学生有选择地、自主地接受教育,这就改变了以往教育工作者需要当面"说服教育"的情形。同时,网络信息的可复制性、共享性、实时性,使全体学生同时接受教育成为可能,这也是传统教育方法所不可及的。

最后,网络还能最大限度地实现高校思想政治教育工作的社会化。当代大学生在成长的环境、学习和生活的方式、接受信息的形式、思维方式等方面都发生和正在发生重大的变化。要根据这些新的变化,因地制宜、因时制宜,加强高校学生管理在方法、手段等方面的改革与创新。要充分利用网络,开展丰富生动的形势与政策宣传教育,活跃学生课外生活和校园文化活动,弘扬主旋律、传播正能量。学生工作要想做到实处并达到良好效果,离不开社会、学校、家庭的共同努力,而网络的"超时空性"恰好为三者的结合提供了方便,使家庭教育、学校教育、社会教育紧密联系、融为一体成为现实。

第四节　网络时代高校学生管理工作的新挑战

一、网络对大学生成才的负面影响

同任何事物一样，互联网也是一把"双刃剑"，对大学生的影响既有积极的一面，也有消极的一面。随着越来越多的大学生接触并深入网络空间，网络的负面影响日趋凸现。主要集中在以下几个方面：

第一，互联网对大学生的人生观、价值观和世界观的形成构成潜在威胁。网络是一个没有国界的世界，全球各种不同的文化形态、思想观念在这里汇集交织，网络使用者轻易就可以感受到东西方文化的巨大差异，因此，很容易陷入一种迷惘的境地。大学生的人生观、价值观还不成熟，缺乏"免疫力"，长期浸泡在网上，耳濡目染，很容易受到西方外来文化及意识形态的渗透，受到腐蚀，盲目信从。同时，西方那些享乐、奢侈、冒险、刺激、性解放、性自由等不健康的生活方式对喜欢猎奇的青少年来说，具有极大的诱惑力和欺骗性，容易使他们艳羡、认同并模仿，产生冲动和迷失，引发对现实的不满，进而丧失进取、奋斗的内在精神和意志。随着西方文化通过网络的传播，其价值观念正潜移默化地影响着当今大学生的价值判断和理想信仰。崇尚新知识、新文化、新观念的大学生无疑将面对网络文化的严峻考验，少数控制力不强的大学生很有可能因价值观的错误而埋下犯罪的种子。

在互联网这张无边无际的"网"上，内容虽丰富却庞杂、良莠不齐，如果大学生频繁接触西方国家的宣传论调、文化思想等，会与他们头脑中沉淀的中国传统文化观念和我国主流意识形态形成冲突，使他们的价值观产生倾斜，甚至盲从西方。长此以往，对于我国青少年的人生观和意识形态必将产生潜移默化的影响，对于国家的政治安定显然是一种潜在的巨大威胁。

第二，网络对大学生身心健康的消极影响。众所周知，连续上网会造成情绪低落、眼花、双手颤抖、疲乏无力、食欲不振、焦躁不安、血压升高、自主神经功能紊乱、睡眠障碍，有的甚至消极自杀；同时，不良的上网环境也会损害青少年的身体健康，甚至会造成人身伤亡事件。更令人忧虑的是，网络还严重影响着大学生的心理健康。最典型的便是网络成瘾症，即"网瘾"。这种症状与吸烟、酗酒甚至吸毒等上瘾行为有惊人的相似：一上网就兴奋异常，上不了网就"网瘾难耐"。其典型症状是：整天沉溺于网络，甚至不吃、不喝、不睡，通宵达旦，导致体能下降、生物钟紊乱、注意力难以集中、情绪低落、思维模糊、头昏眼花、双手颤抖、疲乏无力、食欲不振等不良生理和心理反应，严重者甚至"走火入魔"，出现体能衰竭或精神异常。他们一天中的大部分时间都在网上度过，对自己不再有任何控制，表现出逃避现实的心理迹象，越来越愿意待在网上，和家人的关系出现问题。迷恋网络还会引发网络孤独症、人际信任危机和各种交际冲突。网络孤独症与网络成瘾症非常类似，只是前者更多表现出生理和认识方面的障碍；后者侧重于人际交往方面的障碍。

网络成瘾症必然伴有不同程度的人际关系障碍，网络孤独症患者则不一定表现出明显的生理障碍。网络孤独症多发生在性格内向者身上，其典型症状是：沉溺于网络、脱离现实、寡言少语、情绪抑郁、社交面狭窄、人际关系冷漠。由于个体将注意力和个人兴趣专注于网络，不仅不利于自己的心理健康，而且导致学习成绩下降，甚至影响毕业。

网络人际交往中普遍存在的人际信任危机也有可能影响到大学生网民的现实人际交往态度，出现人际关系障碍。聊天室等虚拟社区以匿名或化名方式进行的网络交往无法规范人们言论的真实性，甚至公开承认或默许交往者的虚假言论。一个五大三粗的男子汉可以起一个甜蜜动人的女性化昵称，扮演爱情天使。这种网络人际交往的虚幻特点使得很多学生抱着游戏般的心态参与网上交际，不仅自己撒谎面不改色心不跳，对他人的言行自然也是毫无信任感可言。这种网上的人际信任危机可能迁移到他的现实人际交往中，导致现实人际交往中对他人真诚性的怀疑和自身真诚性的缺乏，进而影响与他人建立和发展良好的人际关系。网络人际交往往往给人以虚假的安全感。学生以为待在门户紧闭的自家卧室里，坐在心爱的电脑前是最安全不过的了。这里既不可能被人发现，也不可能被人偷窥，更不可能受到侵犯。这种自以为是的安全感使得他们放弃了起码的戒备心，给网络犯罪以可乘之机。事实上，这个貌似安全的地方却隐匿了太多的不安全因素。不仅电子邮件随时可能被人轻而易举地偷看到，连电脑上的全部信息都可能被浏览或破坏。随着网络犯罪案例的增多，安全焦虑又成为笼罩在网民头上挥之不去的一片阴影。人们时刻担心自己的电脑被网络黑客所光顾，担心自己的个人隐私被偷窥，担心电子邮件背后的病毒，担心从网上走到自己身边的"熟悉的陌生人"。

此外，大学生网恋、失恋、多角恋爱等都是网络生活中容易出现的情感问题。网上最热门的话题就是网恋，生活中的网恋故事也多如牛毛。电脑网络在时刻忙于上演那成千上万的爱情喜剧的同时，也在痛苦地吟诵不计其数的失恋故事和叹息感伤。比较常见的情况是，当一方的爱情之火被撩拨得愈燃愈炽时，点火者却突然从网络上消失得无影无踪。除此之外，"见光死"也是众多网恋故事老套的结局。网络让爱情发生的机会和频率都大大提高，也让失恋发生的机会和频率大大地提高了。正如网恋可以让人品尝到如现实恋爱同样的甜蜜一样，网恋后的失恋也同真实的失恋一样让人寝食难安。

第三，网络对大学生社会适应能力的消极影响。网络是一个虚拟的世界，人们网上交际主要依靠抽象的数字、符号，大学生终日沉迷于这种人机对话的模式，会对他们社会适应行为和能力产生消极影响，更有甚者，有些大学生还可能患上"网络社交障碍症"。在网络环境下，大学生交往的对象的身份并不确定，这就减弱了大学生的社会角色的获得能力。网络交往的虚拟性、自由性很容易导致人们行为的普遍失范。在互联网上得到情感认同与满足的同时，更多的大学生开始由心理上对网络的强烈归属感和依赖感延展到对现实的厌倦和冷漠。在这种消极的不为世情所动的抵触心理下，自我封闭和网络双重人格的形成便在所难免。这不利于青少年的社会化，甚至导致青少年社会化的失败。

大学生沉溺于网络,还会造成语言扭曲化和沟通能力退化的恶果。网络的基础重心语言是英语,而汉语处于边缘冷落地带,在这样的弱势状态下,许多传统正常的汉语词汇受到一些独特的网络特殊词汇的潜移默化的影响,便是屡见不鲜了。同音或谐音字无规范地滥用,如"美眉"代替"妹妹";中英文掺和无序,如"好 high"代替"感觉非常棒";数字随意代替中文,如"886"代替"再见",诸如此类。我们都知道,语言作为思维和交际的载体能够反映文化和心态的一些层面,它的扭曲和异化不能不引起我们的重视,它的这些不科学的变形势必影响到人们现实表达模式的倾斜。在沟通方面,网上交友已成为当前时尚,网络跨越式地改变了传统交往方式,大胆突破了时空界限。青年大学生强烈的交往欲望促使其迷恋于网络虚拟社会的沟通方式,这往往在很大程度上导致他们忽视现实中的人际交往,况且,网络毕竟还是一个冷冰冰的框架,它传递信息的媒介只是一些简单的代表符号,大学生交友的网络化缺乏表情、手势等丰富的肢体和身体语言,这也在一定程度上影响了他们在现实社会中的表达和沟通能力。许多大学生往往是上网时情绪高度兴奋,下网后无所事事、百无聊赖,所以,网上交友的大红人也许会在现实社交中存在极大的交往困难和障碍。可见,大学生沉溺于网络的结果不单是荒废了学业,而且使身心健康、社会交往能力都受到了严重影响。

二、网络时代高校学生管理工作的新挑战

第一,网络文化导致大学生价值冲突更加直接和剧烈,价值取向更加多元,价值选择更加困难。当代大学生自我判断是非标准的自主性、独立性增强了,但是,其人生观、价值观尚未成熟,容易受到异化思想的冲击,特别是东西方价值观念在学生头脑中的碰撞、冲突更加直接、更加激烈,如不加以正确和有力地引导,必将出现思想上的混乱,影响他们形成正确的世界观、人生观和价值观。

第二,网络传播的信息"垃圾"会对大学生思想和行为产生误导。网络是一个"功能齐全、政治化的自由社会",吸引了不同生活背景、不同行业、不同年龄的公民,同时,也吸引了许多坏人、盗窃分子、诈骗犯和故意破坏分子。网络上的信息可谓良莠不齐、泥沙俱下。网络信息中对青少年危害最大的首推"黄色信息"。青少年的性意识正处于由被动走向成熟的时期,性信息对他们具有极强的诱惑力。浏览色情网站,使得一些人注意力过于集中于性方面,产生性冲动和性幻想,精神萎靡不振,影响身心发展。青少年经常查看色情网络的内容,时间长了,就会一发而不可收,沉迷其中而不能自拔,形成一些错误的性道德观念,甚至接受"性解放""性自由"的观点,追求性刺激。在我国,一直对一切色情的东西及其传播方式进行严格控制,人们与色情接触的机会有限;而对色情的鄙视,成了整个社会的价值取向。所以,当色情内容通过网络出现在生活中的时候,对人们的心理冲击之大是无法估量的。以色情画面来吸引观众、达到赢利目的的黄色网站在国外特别是发达国家比较多。色情网站对青少年危害比较大,因为他们正处于青春发育期,控制能力较差,一旦迷上了色情网站,很容易堕落甚至走上犯罪道路。

网络这个信息的宝库,同时也是一个信息的"垃圾场"。各种不健康的信息混杂其中,自制力较弱的大学生往往会出于好奇或冲动心理刻意去寻找一些色情、暴力信息。这些信息"垃圾"在毒害大学生心灵的同时,也弱化了他们的道德、法律意识。

第三,网络传播的"虚拟化"方式对大学生的交往方式和人际关系产生了深刻影响。当大学生在网络上获得的快乐比现实多时,自然会把更多的时间投入网络交往中,而当他们在现实生活中遇到挫折时,只会更加倾向于在网络中寻求慰藉。这就导致大学生只愿意在网络上寻求虚拟但完美的人生,而消极地对待甚至逃避有缺陷的现实世界。这种情况长期发展,必然会影响和改变人们的交往方式,产生新的人际交往障碍,使行为主体冷漠,人际关系淡漠,人际距离疏远,使人产生孤独、苦闷、焦虑、压抑等情绪,甚至产生心理疾病。学生时代是人际交往能力和人际关系形成的重要时期,这样的消极影响则显得更为严重。

第四,大学生自主、平等意识的增强,导致传统的社会调控系统失灵。虚拟条件下网民的交往角色是不存在上下级、长晚辈、地位尊卑的垂直型关系,交往变得平面化,属典型模式交往。网上交往的虚拟性使人与人的交往变得自由、平等,但由此也带来了权威的削弱,导致主导价值观念、社会公共权威和教育者权威的削弱,使得传统社会调控的功能在逐渐丧失。因此,高校学生工作所面临的困境是信息系统不再被教育者全部掌控,不能对大学生的思想言行进行干预,更多地要靠大学生的自我判断、自我选择。

第五,单向的灌输式教育管理方式受到挑战。传统的思想政治教育,教育者起主导作用,他们将含有社会要求的政治观点、思想体系、道德规范的相关信息有目的、有计划地灌输给教育对象,而受教育者在内外各种因素的综合作用下,有选择地接受这些信息,进而将其"内化"为自身的个人意识,之后再"外化"为实际行动。在这一过程中,教育者传递信息的手段主要是以上课宣讲、座谈讨论、个别谈心、开展主题活动等,而以报纸、广播、电视、电影等大众传媒作为辅助工具。教育者所灌输的信息是经过筛选、加工的,有利于受教育者接受正面的思想。然而,随着网络信息传播对思想领域的入侵,单向的教育模式越来越不能满足大学生的心理需求,其有效性不可避免地受到削弱。大学生在深入网络生活并渐渐习惯于网络这种双向甚至多向的沟通方式后,必定要求教育工作,包括专业教育和思想政治教育,从内容到形式都能够采取更为民主、更为自由、更为生动的方式进行。这将改变教育者的关系和位置,信息传播的内容和途径也不为教育者所掌控。对此,传统的思想政治教育显然还没有充分的准备。

第六,高校学生管理者的人格魅力面临挑战。面对网络的冲击,部分学生工作者缺乏应有的思想准备和应有的科学文化素质。据统计,教师中经常上网的主要是35岁以下的年轻教师,而有些年龄稍大的教师对网络不感兴趣。学生管理者对于网络这一领域不甚了解或只是略知皮毛,不具备较高的网络知识和英语水平,有的明显落后于青年大学生,因而,也就有可能缺乏大学生所崇拜的科学文化素质、人格魅力和亲和力。而对高校学生工作者来说,人格魅力和亲和力有时决定了教育的效果。而学校的网络管理人员一般只能做网络的基本维护工作,对其中传播的内容无从管理,对网上产生的问题不能及时发现,更谈不上参与教育了。

第五章　高校学生管理工作的创新探索

第一节　高校学生管理工作理念的探索

一、高校学生管理工作理念创新的意义

（一）高校教育创新的意义

创新是一个民族进步的灵魂，是国家兴旺发达的不竭动力。为了实现中华民族的伟大复兴和完成社会主义教育事业的历史任务，必须不断地推进包括高校学生管理工作在内的教育创新。

1. 高校教育创新是时代发展的要求

当今世界，科学技术突飞猛进，知识经济已具雏形，国际竞争日趋激烈。人类社会发展到今天，相对于物质资源，人力资源成了第一资源；相对于人口数量，提高人的素质成了第一要务；在人的素质中，创新精神和实践能力是其重点。科学技术进步，越来越依赖于科技创新；知识经济发展，越来越依赖于知识创新；国际竞争，"说到底，是人才的竞争，是民族创新能力的竞争"。无论是科技创新、知识创新，还是民族创新能力的提高，最关键的是人才。而人才的成长靠教育，其中高校教育是非常重要的阶段。高校可以说是培养高素质人才的重要基地，进行教育创新从而适应时代对人才的需求，这对高校而言无疑将具有非常重要的意义。

2. 高校教育创新是社会主义现代化建设的需要

目前，我国已经进入全面建成小康社会、加快推进社会主义现代化的新阶段。在新世纪新阶段，面对新形势、新任务、新问题，最根本的，是坚持体制创新，大力推进经济体制、政治体制和文化体制改革，逐步消除经济、政治和文化建设的体制性障碍，为经济、政治和文化发展注入新的活力，而体制的创新，取决于理论创新和人的创新精神和能力，最终取决于创新人才的培养。高校教育是知识创新、传播和应用的重要基地，也是培育创新精神和创新人才的重要摇篮。无论是在培养高素质的专业人才方面，还是在提高创新能力和提供知识、技术创新成果方面，高校教育都具有独特的重要意义。高校承载着人才培养与输出的重大职责，只有不断地推进教育创新才能为我国的现代化建设提供更多的富有创新能力的人才。

3.高校教育创新也是高校教育自身发展的必然规律

党和政府高度重视教育工作，我国教育事业取得了举世瞩目的伟大成就，实现了历史性跨越。高等教育毛入学率已接近大众化水平，高等教育已迈入大众化阶段，高校管理体制和后勤社会化改革取得了突破性进展，教育质量和办学效益不断提高，这些都是高校教育改革创新的结果。但是，我国高校教育与发达国家水平相比还有较大差距，与社会主义现代化建设需要相比还有较大差距。我们的高等教育思想、教育体制和结构、教育内容和方法与社会主义市场经济体制不相适应的矛盾和问题，正在日益暴露出来。这其中，既有不少过去从未遇到过的新问题，也有一些无法回避的深层次矛盾。解决这些问题和矛盾，没有资料可查，没有现成的经验和方法，根本的出路在创新。

（二）深刻认识高校学生管理工作理念创新的重要性

1.创新学生管理理念是新形势下做好学生管理工作的首要条件和客观要求

随着改革开放的深入和市场经济的发展，学生对各种思想、文化的接受和选择有了更广阔的空间，社会上的各种思想和价值观念必然对当代大学生产生巨大的影响，给学生管理带来新的挑战。同时，我国大学教育的管理现状还存在许多不适应之处，突出表现在许多教育管理人员仍沿袭传统的单一模式和思维习惯，原有的以学校和教师为中心、忽视学生主体性的管理模式，使学生管理面临新的困境。

2.创新学生管理理念是新形势下做好学生管理工作的逻辑起点和必要前提

当前的高等教育正由精英教育向大众化教育阶段跨越式发展，既要把学生视为接受教育的对象，又要把学生当作管理服务的主体；既要严格管理规范，又要重视教育引导；既不能一味追求意志统一，又要充分保障学生权益；既要强调集体观念和社会需要，又要趋向于人的个体需求与素质发展。

因此，21世纪的高校学生管理首先必须对管理理念进行创新，并把这种理念创新当作高等教育大众化条件下学校管理工作的逻辑起点和必要前提。

3.创新学生管理理念是新形势下做好学生管理工作的应有之义和关键

经济建设需要人才，而培养出的人才只有为社会所接纳，并转化为生产力，才能发挥作用。时代变化激发理念变化；理念变化决定时代变化。没有先进的理念，工作就缺乏正确的导向。高校学生管理工作的现代化首先是管理理念的现代化。学生管理工作作为高校学生管理工作的重要组成部分，要求冲破传统束缚和实践障碍，解决好工作中的"瓶颈"问题。因此，从某种意义上说，理念是管理的基础和先导，是管理的核心和精髓，是做好管理工作的关键。

二、正确理解学生管理工作理念创新的实质与内涵

从人类历史进步的角度看问题，社会的存在是以人的存在为前提的，社会发展的动力来源于人创造历史的活动，社会发展的程度最终是通过人的发展程度来衡量的，社会

发展进步的根本目的是实现人的发展。同时，人是社会赖以进步的第一重要的、起决定作用的因素。社会进步本质上是一个在改造客观世界的同时，不断改造人的状态、发展人的能力、提升人的价值的过程。育人是学校教育的第一使命。大学最根本的职能和最核心的价值是培养人才、促进人的发展。大学的历史使命是人的灵魂的塑造者，是主流价值观的传播者，是先进生活方式的倡导者，是人类精神交流的传递者。从大学的社会功能而言，大学应该服务于先进文化的传承、创造和弘扬，应该服务于人类社会的整体利益，应该服务于国家和民族事业的全面进步。学生管理工作理应注重学生整体素质的提高，注重学生自由、充分、全面的发展。其基本目标是让受教育者尽可能深入、广泛、多样地了解人所处的世界，了解人自身所处的生存状态；终极目标是最大限度地挖掘人自身的潜力，提高学生的综合素质，从而为人类社会的全面进步提供精神动力和智力支持。学生管理工作理念创新的主要内容包括以下几个方面：

（一）转变思想观念，坚持育人为本的管理理念

人是手段与目的的统一体。这就要求既要把人当作目的，又要把人当作手段；既要尊重人、关心人，又要管理人、发展人；既要满足人的物质利益，又要符合人的精神需要。同时，人又是权利和义务的统一体。这就要求学生管理必须体现民主、平等的精神，在管理工作中公正地善待每一个学生，尊重和保护学生的权利，坚持做到有管有放、有宽有严，为学生的全面发展创造最佳条件。育人为本，是人本思想在学生管理工作中的具体化；是科学发展观在高等教育领域的根本体现；是学生工作的根本出发点和落脚点。作为一种价值观，就是要以人为基础，以人为动力，以人为目的，强调唤醒人的自我意识，尊重人的主体地位；满足人的主体需要，尊重人的精神诉求；肯定人的自我价值，强调人的全面进步。作为一种工作方法，就是要坚持以学生的根本利益为出发点，既严格教育管理，又注重人文关怀；既严格纪律要求，又注重道德教化；既严格程序规范，又注重内容效果。作为一种思维方式，就是要转变思想观念，强化服务意识，坚持"一切为了学生、为了一切学生、为了学生一切"，逐步实现民主交流、平等沟通、相互理解、和谐统一。

（二）贴近学生实际，坚持精细化的管理理念

所谓"精细化管理"，就是将管理覆盖到每一个过程，控制到每一个环节，规范到每一个步骤，具体到每一个动作，落实到每一个人员。学生管理工作的一个显著特点是所管理的事务繁杂、琐细。因此，学生管理工作的核心就是"在'细'字上做文章，在'实'字上下功夫"。在精细化管理中，关键要突出一个"细"。"细"有几层含义，一是规范。严格管理规章和工作程序，坚持制度面前人人平等。二是科学。善于运用现代管理方法和信息手段，积极探索和掌握学生管理工作的客观规律。三是到位。在学生管理过程中，每一个环节必须考虑到，不忽视微小的管理漏洞。四是明确。落实管理责任，将管理责任具体化、明晰化。要求管理的过程条理清晰、层次分明。五是深入。把工作做得具体、做得

扎实,追求一种精益求精的境界,使学校的管理水平迈上一个新的台阶。

(三)整合各种资源,坚持系统化的管理理念

任何管理都是对系统的管理,没有系统,也就没有管理。系统化就是从整体上构建学生管理的系统模型和综合模块,把学生管理工作作为一个集学习机制、竞争机制、奖惩机制、决策机制、评估机制和反馈机制等于一体的动态过程。学生管理工作是一项系统工程。它不仅是学生工作者的责任,也是全校教职员工的责任,必须高度重视、加强领导、通力合作、形成合力,始终坚持依靠广大教职工、学生政工干部和全体学生积极参与的全员管理。必须针对不同年级的不同特点和不同个体的不同特征,将学生管理工作贯穿于学生成长成才的全过程。它又是全方位的,涉及方方面面,必须始终坚持管理即服务的观念,把解决思想问题和解决实际问题相结合,为学生做实事、办好事、解难事;始终坚持教育管理的理念,努力提升学生管理工作的人文内涵,强化育人效果。

(四)增强自律意识,坚持自主化的管理理念

所谓"自主化管理"是指在学生管理人员和专业教师的指导下,学生自我教育、自我管理、自我服务和自我发展的教育管理模式。其核心是关注人的发展,营造一种宽松、和谐的民主气氛,调动学生的主动性、积极性和创造性,培养学生的创新精神和实践能力。要充分发挥学生团组织、社团组织和学生党支部的作用,丰富课余生活、拓宽知识面、增长才干、陶冶情操,培养特色鲜明的校园文化精神;要充分发挥学生干部和学生党员的先锋模范作用,让他们自觉地加入学生的管理工作中来,成为重大问题的参与者、决策者,在参与管理的实践中尝试管理、学会管理、懂得管理;要充分发挥学生的主人翁精神,突出学生的教育主体意识,实现学生干部队伍自我管理制度化。

(五)以培养学生创新精神为核心素质的管理理念

这是解决高校学生工作培养什么人的问题。随着知识经济信息社会的到来,创造力将成为社会经济进步的主要动力,成为关系市场竞争成败的决定性力量,那种"唯文凭、唯分数、唯专业"的传统人才观已不合时宜。教育工作的重点应放在提高受教育者的创造力方面,通过在教育过程中对创造力的发掘、训练、强化,激发受教育者的创造热情和创造才能,积极培养适应时代要求的创新人才。21世纪的人才应是能够适应新技术革命的挑战,能够参与全球性竞争与合作,能够主动适应、积极推进甚至引导一系列社会变革的创新人才。

(六)突出主体、开发潜能、激发创造的管理理念

这是解决高校学生工作怎样培养学生的问题。传统的学生工作常常是管而不导,堵而不疏。这种治标不治本、浮在面上的学生工作方法已不能适应当代大学生的成长、成才需要和现代高等教育发展形势。新形势下的学生工作要突出学生的主体地位、尊重学

生个性的张扬与优化。通过理想信念教育，为学生进行需要的自我选择和自我调整提供精神动力和行动指南；通过正面引导、反面惩戒来进行学生的需要诱导；通过动机激励、过程磨砺、利益驱动来进行学生的需要驱动等，激发创造学生内在成才动力，从道理上说服学生，让学生认清是非，权衡利弊，从而使学生正确规范自身行为，正确选择调整自身在学习、生活中的需要结构。而教育观念要打破统一思想、统一标准、统一布局的模式，适当地提倡拉开档次，铺开阶梯，允许一部分人先走上去，再把另一部分人扶上来的育人的阶梯原则。对广大青年学生，应当把他们当成能动地参加教育活动的主体，而不仅是教育的对象和受教育者，变以往的家长式、保姆式、灌输式的教育为以疏导、启发、自我教育为主的方式。

（七）体现互动性、层次性、整合性的管理理念

这是解决高校学生工作体制的理念问题。高效的工作体制可以促发主体的工作热情、兴趣，使主体在工作中不断产生自我满足感和成就感，从而成为主体不断产生工作主动性、自觉性、创造性的不竭动力；也可使整个工作群体形成团队意识、协作精神。传统的高校学生工作体制存在一定的缺陷：一是体制重心的错位，造成协调、服务部门忙于应付具体事物性的工作，而无暇对整个学生工作进行协调与把握；二是体制基层的虚位，学生工作基层组织的积极性没有充分发挥出来，使整个学生工作活力欠缺，创造力不够；三是体制的整体创造力的空位，造成领导机构、协调部门、基层组织的脱节。面对21世纪的高校学生工作必须适应培养高素质创新人才的需求，进行体制理念的创新，其中应注意三个方面：一是体制的互动性，有利于上层和基层相互激发工作活力与创造力；二是体制的结构层次性，有利于工作环环相扣、层层递进；三是体制的整合性，有利于局部服务于整体，全局指导、协调局部，发挥整个体制的凝聚力和资源整合力。具体来说，就是要形成"上"要有"决策层"，总揽高校学生工作全局，把握基础性、全局性、前瞻性的大问题，坚持社会主义办学方向和育人原则；"中"要有"协调层和监控层"，对学校总体学生工作进行具体指导、协调和监控；"下"要有"责任层和落实层"，充分发挥基层组织的积极性，实行工作重心下移，推行目标管理、量化考核的评价制度，建立竞争机制。这样，整个工作网络就会形成一个动态、灵活、高效的"金字塔"形体系。

高校学生工作是一个系统工程，其不仅是某个部门的职责所在，学校应树立"全员育人"的教育理念，形成"人人皆教育之人，处处皆教育之地""教学育人、科研育人、管理育人、服务育人"的一个工作大格局。

（八）不断创新教育内容、服务内容的管理理念

这是解决高校学生工作具体工作内涵的理念问题。教育、管理、服务是学生工作的三大主题，但在新的时期，这三大主题的结合方式以及它们三者自身的内涵就存在理念创新的问题。传统上不同程度地存在以管理为主的工作理念，而教育、服务功能被弱化、

淡化，使工作一直停留在较低层次水平。随着高校扩招、学生人数激增、学分制的推广、后勤社会化改革，学生的学习、生活的主要场所及方式都发生了很大变化，传统的教育、管理已不合时宜，不符合青年学生的心理特征变化和他们的成长规律。高校学生工作要转变观念，逐步从管理型向教育型、服务型转变，转换工作职能。其一，要创新教育内涵理念。教育是一个系统工程，不仅要加强对学生的文化知识教育，而且要切实加强对学生的思想政治教育、品德教育、纪律教育、法制教育等。要培养富有创新精神和实践能力的人才，对于高校学生工作的教育内涵来说，就是要进行以创新教育为核心、以思想政治教育为基础的全面成才教育。而教育的方法主要是从说教式、灌输式的教育向启发式、引导式、激发创造式的教育转变。因为教育本身的要义就是要把教育内容内化为学生的内在需求，变以往学生被动地接受为主动的需要。其二，要创新管理内涵理念。高校学生工作要从传统的以本本上的制度和手中的权力去管理的模式中走出来，注重"导向管理"。管理的内容要从点上的管理到整个层面的深层次管理；管理的对象要从个别管理到抓典型的管理；管理的依据要从校纪校规的管理上升到以法治校、民主治校的高度层次；管理的手段要变以直接管理为主到以宏观和导向管理为主，变以教师管理为主到以学生自主管理为主。总之，就是要从被动式、强迫式的管理变为主动式、民主式的管理，从以管理为主的工作模式走向以教育、服务为主的工作模式。其三，要创新服务内涵理念。这是探讨学生工作服务目标及方法等。高校学生工作要从管理型的工作模式走向教育型、服务型的工作模式，要为学生的成长、成才创造各种有利条件，优化校园软硬环境，最大限度地激发学生全面成才的内在动力。服务的内容是把握学生在学习、生活中不同层次、不同方面的合理需要；服务方式要在引进社区管理方式的同时，实现服务最优质化、物质利益的最小化。学生不仅是受教育者，也是教育投资者和消费者，要为学生提供各种生活服务，改善生活环境，对学生社区进行物业化管理，健全社区功能，构筑集文化、休闲、娱乐、购物、健身为一体的文化社区；提供勤工助学服务，扩大勤工助学的网络与途径，帮助困难学生顺利完成学业；提供学习服务，指导学生考研、出国、创作发明等；提供就业服务，健全信息网络，加强政策、心理、技术各方面的指导等。

（九）树立运用现代科技手段进行管理的现代理念

这是解决新形势下拓展工作领域的问题。网络技术的发展给传统的高校学生工作带来了新的挑战，同时，也为学生工作提供了现代化手段，拓展了新的空间和途径。新形势下学生工作要转换教育观念，树立信息资源意识，主动超前介入网络教育平台，这是把握高校学生工作制高点的有效途径。网络的交互性、虚拟性、平等性、开放性等特点使学生教育管理工作也呈现新的特点，比如，教育、管理方式的隐形化、个体化、咨询化和平等化等。学生工作进网络还是一个尚待深入研究的新课题，这不仅是学生工作某个方面或某个层次的创新问题，而且是互联网时代条件下高校学生工作的全面创新问题。其中至少应把握三个要义：一是要找准学生工作进网络的立足点，用正确、积极、健康、科学的思想文化信息占领网络阵地，提高学生"接受正确、有益的信息，抛弃错误、有害的信息"的能力；二是探究学生工作进网络的切入点，采取与大学生心理需求、生理特征和成长规律相适应的生动活泼、喜闻乐见的形式和内容；三是要把握学生工作进网络的融合点，"进"不是简单将学生工作的内容放在网上，也不是单一地把它作为技术性质的信息交换系统，而要从本质上实现学生工作与网络的融合，达到内容、形式、科技与人文的有机融合，充分发挥网络在学生工作运用中的服务功能、教化功能、引导功能和管理功能，趋利避害，规范网络道德，培养积极、健康、科学的网络文化。

三、高校学生管理工作理念创新的重点方向

（一）高校学生管理工作应秉持以人为本的理念

从人类精神解放或人的精神发展过程来看，以人为本是人本主义思想发展的较高层次。人本主义思想的发展经历了超越自然（神）本位、超越人伦本位和以人为本三个层次。在超越自然（神）本位层次，人类相对摆脱了自然（神）的束缚，开始看重和强调人类本身，确立了人类的优越和中心地位，人类获得了相对的自由；在超越人伦本位层次，个人相对摆脱了传统人伦文化的束缚，开始看重和强调个体的价值，确立个体的人身地位，从而获得了个体的相对平等和自由；在以人为本层次，个人相对摆脱了自身的束缚，开始注重个体的异化，在不断否定自己的过程中，使自身的肉体和精神相对分离，个体获得了精神异化的相对自由。因此，它以人群为本位而脱离自然（神）束缚，从而重视整体人群的价值不同；它是以个体为本位，要求个体摆脱人伦文化的束缚，强调个体间的自由与平等，强调一种以充分发挥个人价值的"个性主义"为原则。

以人为本与马克思主义学说的基本价值追求是一致的。纵观马克思主义的庞大思想体系，它构建了两个并行不悖、相得益彰的价值目标——建立共产主义社会制度；在高度发达的物质生产力基础上全面发展的从必然王国走向自由王国的人。在《1844年政治经济学哲学手稿》中，马克思设置了自己思想体系中的人道主义追求。在那里，共产主义的最高目标是为了人向真正的人复归。"这种共产主义，作为完成了的自然主义，等于人道主义，而作为完成了的人道主义，等于自然主义……"虽然马克思所设想的未来人主要是消灭了体力劳动与脑力劳动的对立，能够在生产过程中各部门自由流动的人，但它已包含着人与自然、人与社会及人与人的矛盾的完全解决。按照人本主义发展的层次，它应该属于超越自然（神）本位（解决人与自然之间的矛盾）和人伦本位（解决人与人之间、人与社会之间的矛盾）之后的以人为本层次。由此可见，将"以人为本"作为工作理念是符合马克思主义的内在要求的。不可否认，人本主义思想具有多方面的局限性，但是，站在马克思主义人本思想的高度，对"以人为本"内涵的理解不应该仅仅从其发展过程上理解，尤其不应该就其局限性而否定其进步性、合理性，还应该从其层层递进的逻辑性上理解。由此而言，"以人为本"作为人类精神解放或人的精神发展的最高层次，必须

涵盖以下三个方面：一是人与自然关系的合理解决，包括人（类）主体地位的确立、科学主义精神的弘扬；二是人与社会的关系、人与人的关系的合理解决，包括合理的个人主义和集体主义原则；三是人与人自身的关系，包括人自身物质享受和精神追求的协调发展。

1. 高校学生管理工作中人本理念的含义

高校学生管理工作中的人本理念就是以"以学生为本"的理念，即要进一步强调大学生在学生工作中的重要地位，进一步加强对学生的教育、管理、指导和服务，为学生的健康成长和全面发展创造条件、营造氛围；要调动学生的积极性、主动性和创造性，强化其在教育过程中的主体作用，发挥其自我教育、自我管理和自我服务的作用；要了解学生、尊重学生、理解学生和信任学生。同时，我们又必须明确，坚持"以学生为本"，不但不能放弃，而且更应加强教师的主导作用。学生始终是受教育者，尊重受教育者在教育过程中的主体作用并不意味着要放弃管理者在教育过程中的主导作用，学生工作者始终负有教育、管理、指导和服务学生的责任，我们坚持"以学生为本"，就是要把这种教育、管理和引导的作用发挥得更好、更到位、更有利于学生的健康成长和全面发展。坚持"以学生为本"，不但不能弱化，而且更应强化对学生的管理。以学生为本并不意味着迁就学生，让学生放任自流，无所顾忌，而是对我们的管理工作提出了更高的要求，要用更科学的方法管理学生，以保证学生沿着健康的轨道成长和发展。

坚持"以学生为本"，要求我们明确学生工作的任务就是要努力为学生的健康成长和全面发展创造条件，营造氛围。高等学校的根本任务是育人，作为高校基础工作的学生工作，它的最根本的问题就是学生的发展问题，就是确立更佳的目标、创造更好的条件、采取更好的措施，为学生的健康成长和全面发展提供教育、管理、指导和服务。对学生工作而言，就要围绕学校人才培养目标，着眼于德的要求、生理健康和心理健康的要求、创新精神和社会适应能力的要求等方面，既突出创新精神和实践能力的培养，又全面体现素质教育的要求，在第二课堂上下功夫，在指导和服务上做文章，努力为学生的健康成长和全面发展创造条件，营造氛围，促进学生成为全面发展的能适应社会需要的人才。

坚持"以学生为本"，就要求我们把学风建设作为学生工作的切入点。学生的根本任务是成长和发展，成长和发展的重点是学习，尤其是专业知识的学习。学生工作是为学生的成长和发展服务，这就需要创造良好的学习环境。学风建设是创造良好环境的重要内容，抓学风建设是学生工作体现"以学生为本"的切入点和着眼点。以此可以防止把学生工作与教学工作等其他工作相割裂的现象，避免出现"两张皮"的局面，切实有效地服从和服务于学校的中心工作。

坚持"以学生为本"，要求我们强化对学生的指导和服务。学生工作要从以教育、管理为主的工作模式转变到在加强教育、管理的同时，强化指导和服务的新格局上来，着力构筑指导、服务学生的工作体系，这既是"以学生为本"的工作理念的体现，也是满足学生多样化需求的必然要求。学生工作要注重科学化管理，实现日常管理的制度化和规范化。

学生工作要注重学生的自我教育，自我教育是教育的最佳方式和最终目的，但在学生的自我教育的过程中要加强引导。学生工作要加强指导和服务，帮助学生解决各方面的实际困难。

坚持"以学生为本"，就要求我们着力推进全员育人局面的形成。首先要明确在教学与科研并重型大学里学生工作与教学工作、科研工作、后勤工作的关系，要认识到学生工作不是一项孤立的工作，而是与其他三者紧密联系在一起的。教学、科研和后勤工作中都有育人的任务，要继续强调"教书育人、管理育人、服务育人"，调动全校教职员工的育人积极性；同时，要实行系（部）主任负责制，系（部）主任要对所在系（部）的工作负全面责任，其中很重要的一个方面就是对学生工作负责，既要关心学生工作，更要直接参与学生工作。专职学生工作者的基本职责是学生的日常思想政治教育、学生行政管理、对学生的指导和服务、主持学生的党团工作，他们要在全员育人的环境下做更多、更扎实的工作，发挥更大的作用，并且要带动广大学生自我教育、自我管理和自我服务。在条件成熟时还要将学校育人与社会育人、家庭育人更紧密地结合起来，形成更广泛的全员育人的局面。

2."以人为本"理念是高校学生管理工作创新的灵魂和核心

首先，贯彻"以人为本"的工作理念是形势所趋。从高等教育自身的发展来看，在计划经济时代，学校代表国家为学生提供福利性质的教育，学校和学生之间是教育与被教育的关系。随着高等教育改革的不断深化，学生和国家对教育费用实行成本分担，学生由单纯地享受国家福利变成了自身教育的投资者，学校和学生在一定程度上形成了经济学意义上的服务与被服务的关系——学生缴费上学，学校提供教育服务。高校是培养社会主义建设所需的各种人才的重要基地。可以设想，如果高校的学生管理工作不能体现"以人为本"的宗旨，那么社会就失去了人才上的保障。因此说，在这样一种大环境下，在高等教育中贯彻"以人为本"的教育理念不仅有着充分的社会基础，也是社会形势向高等教育提出的新要求。

其次，贯彻"以人为本"的学生管理工作理念是学生管理工作的内在要求。有些学生管理工作者往往把学生管理工作理解为要"管住"学生，理解为通过外部强制作用规范学生的日常行为。这种工作理念严重限制了学生管理工作的开展范围和工作效果，甚至违背了学生管理工作的根本目的。过去我们过分地强调学生管理工作的政治任务，而忽视受教育者的主体价值；强调思想统一，而忽视大学生们的个性培养。思想道德素质的培养其实是一个人格创新过程，包含着思维能力、判断能力和实践能力的训练过程。这个过程是由主体完成的，外在的因素只是起到引导、启发作用。过去有些人把学生管理工作的目的理解成要把大学生们变成思想上无差别的个体，要求学生们整齐划一，这种工作理念必然导致管理者采取家长式的工作方式。在这种工作理念指导下的学生管理工作不仅在本质上偏离了学生管理工作的根本目的，而且也不能在现实的工作中适应大学生们的具体情况。因此，学生管理工作必须在理念上进行转变，应充分认识到学生管理工作的目的在于提高学生的思想政治水平、价值判断能力和道德品质修养，这就决定了学生管理工作必须获得学生们的主动参与，而只有在工作中最大限度地体现"以人为本"的工作理念，才能达到激发学生主动性、发挥主体能动性的目的。

最后，学生管理工作和思想政治教育相结合是贯彻"以人为本"工作理念的必要手段。贯彻"以人为本"的工作理念，要积极推动思想教育与学生管理相结合，在通过规章制度等约束人的行为的同时，把思想政治工作的柔性导向融入其中，把自律与他律结合起来。没有思想教育的学生管理是简单粗暴的，没有学生管理的思想教育是软弱无力的。过去我们的思想政治工作没有很好地把握和处理教育与管理的关系，使得思想政治教育失去了管理的依托，使得学生管理失去了其教育人的内涵，忽视了对大学生的主体性价值的尊重，从而削弱了思想政治工作的有效性。在新形势下，高校要坚持"立足于教育、辅之以管理、寓教育于管理"的思想政治工作原则，通过将教育落实到管理中，把管理上升为教育，使得两者相得益彰，互补互促，以达到塑造人、引导人、规范人的目的。

传统的学生管理工作比较强调灌输，普遍采取管理者集中式教育的方式，这样容易造成学生实践体验和独立思考能力的弱化。学生管理工作者应树立以学生为中心的工作观念，注重学生的独立思考和自我教育，根据学生成长的内在需要和规律，重视大学生所接受的信息的复杂性，在引导的基础上努力实现学生对教育过程的主动参与，在参与中发挥其主观能动性，真正达到确立正确的世界观、人生观的目的。同时，学生管理工作内容上的创新和形式上的创新是分不开的。一种新的工作理念的实行、一种新的工作方法的运用，都需要在工作内容上进行相应的调整，而一种新的工作内容往往也就意味着新的工作方法的引入。

3.高校学生管理工作中人本理念的基本要求

在高校学生管理工作中真正贯彻人本理念，就一定要切实地尊重学生、关心学生、培养学生、激励学生、服务学生，把培养学生健康成长和最终成才，把促进学生全面发展作为学生管理工作的根本目标。

首先，要尊重和信任学生。以人为本的核心就是管理者对人的尊重和信任。尊重和信任学生，就是充分尊重学生的人格、自由和权利，尊重学生的独立性和创造性，要积极地、有意识地鼓励和引导学生自己去摸索，让学生学会学习。这里的尊重与信任，并不是在管理上对学生不理不管、放任自由，而是以一种更积极认真的态度，把参与管理变为学生自身的一种需求，充分信任学生的自我管理能力、自律能力和相互协调能力，以激发学生学习和生活的热情，在尊重信任学生的基础上体现严格要求。管理者在与学生的交往过程中，应该成为学生的良师，对学生进行思想品德教育和行为准则教育，教会学生如何做人；同时，还应成为学生的益友，在学习和生活上指导学生健康成长，帮助学生解决实际困难，维护学生的合法权益。这种良师与益友的关系在很多场合是交织在一起的，贯穿学生管理工作的整个过程。

其次,要关心和爱护学生。要针对学生的特点,采取适应学生的有效措施,主动关心学生在学习中遇到的困难,及时为学生提供指导与帮助;关心学生的身心健康,经常与学生谈心,解除学生的一些思想负担,积极组织开展多种文体活动;关心学生的生活困难,掌握贫困生的情况,帮助学生克服解决一些实际困难。关心学生的权利,在奖学金评定、评选先进、选拔学生干部、发展党员等方面增加工作的透明度,并力求做到公正、公平、公开。

最后,要培养和激励学生。学生管理最重要的任务是提高人的综合素质,而人的素质是在社会实践和教育中逐步发展和成熟起来的。通过教育,不断提高人的思想道德素质、科学文化素质和健康素质是管理工作的主要任务。因此,全面提高人的素质,对学生不断进行培养和教育,就必然成为学生管理活动的一项重要内容。实行辅导员助理制,在高年级培养、选拔一批思想素质好、专业基础扎实、富有责任心的学生作为低年级学生的辅导老师,培养他们成为低年级学生学习上的指导者、生活上的辅导者、思想上的引路者、人生中的影响者,使之在实践中不断地充实自己、提高自己、丰富自己、完善自己。在学生管理过程中,灵活多样地运用各种适当的激励方式,对学生工作显得尤为重要。美国著名心理学家马斯洛认为,人是自然人与社会人的混合体,作为自然人,他们有生理的需要、安全的需要;作为社会人,他们有社交的需要、尊重的需要和自我实现的需要。要通过采取适当的激励措施来满足各种不同层次的需要,要根据不同的情况、不同的对象采取不同的激励方式,尤其要注意满足作为社会人的社交、尊重和自我实现方面的需要。要通过构建激励机制,努力去满足学生不同层次的需求。

(二)高校学生管理工作应秉持契约理念

1.引入契约理念的必要性

在我国,随着高等教育大众化时代的来临,传统的凭借高校权威实施学生管理的模式,已不适应我国高等教育的发展。高等教育收费制度以及现代民主法制社会的建立,使高校与学生的关系发生了质的变化。学生开始缴费上学,虽然学生所交纳的学费并不足以抵消生均培养成本,但这已使高等学校与学生的关系由过去单一的纵向行政关系转变为包括花钱购买教育服务的消费关系在内的多重法律关系。学生的权利被强调和被重视,学生已成为教育法律关系中独立的重要主体,这些都要求高校对学生的管理方式也应发生相应的变革。基于高校与学生法律关系在性质上的变化,契约式管理也应采取不同的形式,并严格遵守不同形式契约的原则。在校方提供教育服务和生活服务的过程中,高校与学生之间存在平等的民事法律关系。比如,高校与学生之间存在一定的民事合同关系。学生的报考和高校的招录相当于合同缔结中的要约与承诺。学生入学时,要向校方交纳学费;作为回报,校方应提供一定质量的教育和生活服务。学生付费,学校及其内部机构提供服务的领域,学校与学生地位平等,若有违约则必须承担法律责任。另外，学校的内部事务管理不能侵犯学生的财产或人身权利，等等。学生身份的消费者性质，要求高校，特别是公立高校，作为教育公共部门，要提供相应的公共服务及其物质条件，其中包括承诺的教育水准、充分的校园安全、足够的教学设备、良好的学习和生活条件等。在高校提供的生活服务领域内，高校不应以管理者的姿态侵犯学生作为消费者的权利。

高校和学生之间的民事服务关系，是一种平等的民事契约关系。学生享有完全的自由、平等权利，有权要求学校提供高质量的服务，例如，高校在收取学生交纳的诸如学费、住宿、生活用品、网络服务、餐饮等方面的费用后有义务按承诺提供相应的产品与服务。高校在特定范围内，特别是在确立、变更、终止民事权利与义务关系的领域，如高校提供住宿、学生交纳费用，学生提供一定劳务、学校支付一定劳务费等，通过高校或高校职能部门与学生之间订立民事契约，达成一定目标，已成为世界各国普遍采纳的方式。从同为民事主体的角度来看，学校和学生之间应该是一种平等的关系，双方都对对方既有权利又有义务。学校在拥有对学生的管理权的同时，学生也拥有维护自己权益的权利。学校不再拥有绝对的权威，学生也不再是完全的被管理者，二者之间具有平等的地位。目前，很多高校已开始通过与学生签订合同的方式实施学生的宿舍管理、餐饮管理、网络使用管理、付费使用的校园资源管理等。然而，从大部分高校与学生签订的合同内容看，所谓的民事性质的合同大多流于形式。存在的问题主要是高校与学生签订的民事合同并未体现双方主体地位的平等，学生缺乏可选择性权利，合同仅规定学生的义务，缺乏学校义务性规定，高校与学生权利与义务的规定严重不对等；仅规定学生的违约责任，缺乏学校未提供合同承诺的服务的违约责任；合同的制定缺乏学生的参与，仅仅是学校职能部门意志的体现。

与此同时，在学籍、学位、考试评估、教育教学秩序维护等教育教学管理领域，高校与学生之间存在行政法律关系。依据我国法律规定，经法律法规授权的社会组织，可以成为我国行政关系中的行政主体，拥有一定的行政职权。高校就属于这一类行政管理者，依据有关教育法的授权，可以对学生进行教学管理，做出奖励或惩罚，并自主决定是否对学生颁发毕业证或学位证。在这些活动中，双方之间并不具有平等的地位，是一种强制性的命令与服从的关系。因此，从理论上可以认为，这种关系属于一种特殊的公法上的行政关系。

高校与学生行政契约关系的建立，使学生可以真正参与到高校事务中来，体现学生的主体地位，不仅可以减少潜在冲突的发生，而且可以改善高校与学生的关系，建立彼此合作、相互依赖、相互尊重、平等对话的良性互动关系和双方主体间的伙伴关系。契约的应用与缔结，使高校与学生在契约的维持下保持持续、稳定的协作关系，有利于学校秩序的稳固化。

2.契约理念的基本要求

　　高校与学生之间契约的本质，既是高校用来维护教育教学秩序的手段，又是学生对高校权力进行限制的方式，这对高校以及高校学生管理工作者提出了新的要求。首先，要求高校平等对待学生。把契约的平等精神引入教育行政领域，让学生在与学校具有平等地位的前提下商议教育行政目标的达成，使教育行政减少不平等与特权性的因素。契约的基础是双方主体地位平等、协商一致，契约的形成过程是民主的过程，契约充分体现了民主的本质与特性。现代行政本质上以民主宪政为基础，强调公民权利、人格尊严、社会公正与社会责任，重视公民的参与，充分体现了契约的精神。现代教育行政在法律授权的前提下，具有裁量性、能动性。在学生管理中引入契约理念，不仅与依法行政具有相容性，而且可以凭借契约手段灵活应对学生管理中出现的复杂、动态和难以预见的问题。其次，要求高校尊重相对人意志。把契约的自治精神引入教育行政，使学生有选择的权利，进行商议的过程也是其利益权衡的过程，选择是契约精神中的应有之义。通过选择建立沟通渠道也是行政契约最突出的优点和功能，而一般行政行为缺乏沟通功能。契约作为一种制度、观念和方法，已在行政运行秩序中得以建立、吸收和广泛应用。在行政法学中，我国学者对契约能否在行政权力行使过程中予以运用或许会有不同看法，但对行政契约的存在、行政契约的特征以及行政契约的基本类型等问题的观点则大体一致。因此，考虑到教育行政的民主参与、教育行政方式的多样化和教育行政的目的等因素，应允许在高校学生管理中"讨价还价"和"议价行政"。最后，要求高校重视学生的权利。在行政契约中同样有相对人——学生的权利。通过行政契约使高校更加尊重学生权利，同时通过学生权利的实现来制约高校的权力。考虑到高校权力制约的需要以及高校与学生之间的行政契约关系的特殊性，在高校与学生之间行政契约的缔结过程中，应有以下几个方面的限制：一是职权限制。高校必须在法律赋予的职权范围内缔结行政契约，不得越权行政。二是法律限制。高校缔结行政契约不得与法律法规的规定相抵触。三是内容限制。行政契约的目标是实现公共利益，因而，行政契约的内容不得违反社会公益。由于高校在行政契约的缔结中处于优势地位，可能会导致实践中滥用职权、违法行政的情形，如高校的行政契约与其行政命令同构化，强制与学生缔结行政契约，违反应有的合意；高校滥用选择权，"暗箱操作"，损害学生利益或国家利益。因此，必须限制行政契约的内容和目的。

　　在高校学生管理中强调契约精神，重视契约观念、契约手段和契约制度，并不意味着完全以契约取代权力。高校的学生管理权力在教育法中仍然存在并发挥着应有的作用。由于契约意味着人性尊严、平等诚信、公正责任等，因而，契约在高校学生管理中的引入，可以增强学校与学生的协作，提高学校教育服务的水准。

　　（三）高校学生管理工作应秉持开放理念

　　1.开放理念在高校学生管理工作中的重要意义

　　开放的中国需要开放的高等教育。开放的高校学生管理工作是开放高等教育的一个重要组成部分。落实科学发展观，构建社会主义和谐校园，弘扬社会主义核心价值体系，对高校学生教育管理提出新的要求。开放促进了高校内部管理体制、教学方式、管理模式的改革，在学生教育管理方面呈现出以下一些变化：一是学分制的逐步实行，"同班不同学，同学不同班"，人数增多，使学生由班内走向班外；二是实践课程比重增大，理论教学课时相对减少，使学生由课内走向课外；三是后勤社会化的实施，分散住宿范围扩大，使学生由校内走向校外；四是法制观念的逐步强化，使学生维权行为时有发生；五是大学国际化的推进，形式多样的国际合作办学增多，使学生由国内走向国外；六是网络的普及和便捷，已成为与家庭、学校并列的第三种成长环境，使学生由现实世界走向虚拟世界。因此，高校学生教育管理工作，必须针对上述新变化，适应开放提出的新要求，审视开放带来的新挑战，采取扎实有力的措施，将教育管理的任务落到实处。

现在的大学生有崇尚自我、张扬个性的心理，面临着成才发展要求与教育教学以及学习、生活条件相对不足的矛盾，越来越强的维权意识、自主意识与自律意识薄弱、抗挫折能力不足的矛盾，在日益开放和多样化的社会生活环境中自我价值的选择、取舍的矛盾。学生的教育管理工作应贴近学生的学习和生活，帮助他们解决成人感与孩子气、求理解与易闭锁、尚理智与好冲动、理想化与现实性、社会多样化与信念一元化等困惑，帮助他们在包容多样中形成思想共识，在理解变化中促进健康成长。只有这样，高校学生管理工作才能得到有效的改进。高校的学生教育管理工作是一个具有特定功能的组织系统，开放是其重要特征之一。高校学生教育管理目标的实现和任务的完成取决于学生教育管理系统内部要素的合理建构与外部环境的物质转移、能量循环和信息交换。高校学生管理工作的开放，一是指其系统内部的相互开放，即理性提升的教育系统、规范强化的管理系统、学习生活的服务系统等子系统有分有合、资源共享、互为利用，从而促进资源配置和利用效率的提高。二是指其系统的对外开放，即对社会开放。一方面接受社会辐射、积极扬弃、争取资源、为我所用；另一方面发挥高校思想高地的作用，影响社会、引领发展、增进和谐、促进学生教育管理水平的提高。因此，在改革开放的历史条件下，做好高校学生教育管理工作，需要强化开放的理念。

首先，开放理念是加强和改进高校学生管理工作的本质要求。"没有开放，就没有大学教育""培养什么人，如何培养人"始终是高校孜孜不倦地思索、追求、实践的根本问题。前者要求解决好教育的理想性和现实性相结合的问题，大学教育说到底是一种"完人"的教育，正如爱因斯坦所说的那样："当学生走出校门的时候，他应该是一个和谐的人，而不应仅是一名技术人员。"和谐的人应具有社会中的共生意识、发展中的合作意识、理政中的法治意识、交往中的宽容意识和建设中的生态意识。后者则要求处理好教育的规范性与开放性相结合的问题。教育的规范性是通过制度、传统、习惯、氛围等环节来体现，而教育的开放性则表现为教师与学生、学校与社会、有形教育与无形教育的互动，实现的途径就是以开放的理念推进学生教育管理开放，使大学教育成为终身教育体系的一个重要环节，成为学习型社会建构中的一个重要园地，成为与家庭教育、自我教育、社会教育相贯通的一个重要枢纽，成为学生社会化过程中的一个重要阶段。因此，推进高校学生管理开放，不仅是理性的自觉，更是现实的需要。

其次，开放理念是加强和改进高校学生管理工作的原动力。开放促进高校学生教育管理改革，推动高校学生教育管理创新。开放使高校学生教育管理工作视野由窄变宽，动力由小变大，要求由低变高，措施由软变硬，导向由虚变实，负荷由轻变重，节奏由慢变快，从而使高校学生管理工作呈现三个鲜明的价值取向：一是"三力"合一，同频共振。即国家的意志力、学校的执行力、学生的内驱力在具体工作理念层面实现有机统一，使学校的发展目标与国家的战略需求相同步，学校的教育教学要求与学校发展目标相协调，学生的教育管理举措与学校的教育要求相匹配，学生的内在需求与学生教育管理的举措相一致。二是"三成"共举，协同共进。即成人、成才、成功在具体工作目标层面实现有机统一，使学生真正地形成在淳朴中适应、在和谐中竞争、在厚实中创新的良好品格，使高校学生教育管理工作在促进全面发展与充分发展、课堂教学与实践锻炼的内在统一上尽责有为。三是"三有"并行，交融渗透。即有情、有理、有效在具体工作操作层面实现有机统一，把爱的教育贯穿高校学生教育管理的全过程；把理论学习、教育和实践作为高校学生教育管理的一项重要任务；把解决问题、启迪心智、引导发展作为高校学生教育工作的重要切入点。

最后，开放理念是加强和改进高校学生管理工作的重要保证。开放的高校学生管理工作具有三个特点：一是自觉性。高校学生教育管理工作的加强和改进是一个不断求真、崇善、尚美的过程。求真就是合规律，高校学生教育管理既要合教育内部的规律，还要合教育外部的规律，否则就会事倍功半；崇善就是合目的，高校学生教育管理要全面体现党的教育方针，做到让党放心、让人民满意、让学生喜欢；尚美就是合形式，高校学生教育管理要在构建社会主义和谐校园中做出更大的贡献。二是自律性。开放的高校学生教育管理工作是对传统循规蹈矩、就事论事的工作方式的超越。开放不是放手不管，更不是放任自流，而是用开放的理念统揽全局，用开放的心态包容多样，用开放的举措推动工作。三是自为性。开放的高校学生教育管理有利于争取更多更好的教育资源，为我所用；有利于营造良好的环境氛围，为我所享；有利于促进教育管理队伍素质的提高，为我所为。

2. 高校学生管理工作中开放理念的基本要求

首先，应牢牢把握高校学生管理工作开放的方向性。一是要坚持用邓小平理论、"三个代表"重要思想和科学发展观等马克思主义中国化最新成果武装学生头脑、指导学生实践、推动学生工作，牢牢把握学生教育管理的指导权、主动权、话语权。二是要牢固树立中国特色社会主义的共同理想，引导学生自觉在党的领导下，走中国特色社会主义道路，为建设民主、富强、文明、和谐的社会主义国家而勤奋学习，建功立业。三是要大力弘扬民族精神和时代精神。民族精神和时代精神是社会主义核心价值体系的精髓,只有大力弘扬民族精神和时代精神,才能使青年学生始终保持昂扬向上的精神状态。四是要深刻认识社会主义荣辱观的科学内涵,真正弄清其与社会主义市场经济相适应、与社会主义法律规范相协调、与中华民族传统美德相承接的深层关系,科学把握其先进性导向、广泛性要求和群众性基础的内在统一,促进社会主义道德体系在学生心中扎根。

其次,应突出高校学生管理开放的主导性。一是要重视思想政治理论课教学在学生管理中的主渠道地位。"教学有法,教无定法,贵在得法"。应根据大学生的认知特点,不断地丰富教学手段,加强实践教学的环节,强化课程研究,确保讲出新意和特色、说出深度和规律,讲出学生想听的和教师想说的,提高教学的针对性和实效性。二是必须始终坚守思想政治教育这块学生管理工作的主阵地,坚持贴近实际、贴近生活、贴近学生的原则,把学生公寓建设成为融思想教育、行为指导、生活服务、文化熏陶为一体的"第二课堂",加强思想政治教育主题网站建设,综合运用技术、行政和法律手段,全面加强校园网络管理,防止有害信息在校园网上传播。加强网络管理工作队伍和网上评论员队伍建设,掌握校园网舆情,引导网上舆论。三是要切实开展好党团组织活动、高品位的校园文化活动、大学生社会实践活动、科技创新创业活动和体育活动,引导学生在活动中受教育、长才干、做贡献。四是要重视学生管理工作队伍建设。做好学生教育管理工作,光靠经验和热情是不够的,必须有一批从事学生教育管理的高水平的专家。应从制度、政策、人事编制、职务职称序列上鼓励一些德才兼备又有奉献精神的同志去从事学生的教育管理工作,让他们真正把这项工作当作一项事业、当作一门学问、当作一个可以建功立业的岗位去钻研和奋斗。

再次,应增强高校学生管理工作开放的针对性。高校学生管理要从学生最关心、最直接、最需要、最现实的问题入手。一要引导学生学会学习,变"学会"为"会学"。更新学习观念、变革学习方式、创新学习手段、提高学习效率。二要引导学生学会自强,变"助我"为"我助"。进一步落实助学贷款,设立助学奖学金,建立与就业相结合的奖学金制度,组织好学生勤工俭学。三要引导学生学会创业,变"就业"为"创业"。把培养学生的创新精神、创业本领、实践能力放在重要位置,改革教学内容和课程体系。完善鼓励和支持高校毕业生创业的制度和措施,提供创业的优惠条件,加强对创业活动的指导和管理。四要引导学生加强心理健康知识普及教育,通过宣传倡导、教育引导、活动推导、家长督导等途径,做好心理健康教育工作。加强危机干预,消除潜在隐患。

最后,应强化高校学生管理工作开放的基础性。大学历来是社会文明的源头,是引领文化潮流、传播科学思想、开创文明新风的地方,倡导和谐理念、培育和谐精神是现代大学精神的应有之义,大学应该担负起和谐社会首善之区的使命。在建设社会主义和谐校园中,要发挥高校学生教育管理工作的思想导向作用,奠定和谐校园建设的强大思想基础;要发挥高校学生教育管理工作的价值引领作用,倡导和谐校园的正确价值取向;

要发挥高校学生教育管理工作的道德规范作用，构筑和谐校园的坚强道德支撑；要发挥高校学生教育管理工作的文化建设作用，形成促进和谐校园的文化环境。开放的高校学生教育管理工作必须坚持教书与育人相结合、教育与自我教育相结合、政治理论教育与社会实践相结合、解决思想问题与解决实际问题相结合、教育与管理相结合、继承优良传统与改进创新相结合。就管理而言，还应坚持从严管理和科学管理、民主管理和依法管理相结合。按照依法办学、依法管理的要求，建立起学生维权工作机制，使思想教育与维护和保障学生权益工作相统一，提高学生的权利和义务意识，使学生的各种权益得到切实维护和保障，凡是办理有关学生事务，制定涉及学生切身利益的政策、规定、程序，都必须通过一定渠道听取学生的意见，做到公开透明，真正建立起维护和保障学生权益的服务体系，确保培养目标的实现

四、积极探索高校学生管理工作理念创新的实现途径

（一）加强高校学生工作者队伍建设，提高学生管理者的基本素质和理论水平

努力建立一支高效、精干、稳定、专业的学生工作者队伍，是做好学生管理工作的关键，是实现学生工作管理理念创新的根本。学生工作者要培养和造就高素质人才，自身必须具备较高的政治思想素质、合理的知识结构和较强的能力素质，并有较完善的自我形象和人格力量。作为学生工作者，如果放松了学习，思想就会落后于形势。因此，学生工作者要突破以往的思维定式，适应时代和高校发展的要求，重新定位自己，只有这样，才能担当培养合格的社会主义建设者和接班人的重任，开创高校学生工作新局面。面对社会意识形态的复杂化，学生的学习、心理和就业等压力的加大，学生工作者队伍的地位和作用变得越来越重要，社会对这支队伍的要求和期望值也越来越高。一所学校纵然要有许多学识渊博、造诣精深的教授、学者，要有许多先进的教学科研设备和优美的校园环境，但如果没有高素质的学生工作者加以管理和教育，也难以培养出高质量的创新型人才。高校学生工作者作为思想政治工作的主体，在高校思想政治工作中发挥着十分重要的作用。他们面对的是具有较高文化层次、思想活跃、反应敏捷、善于独立思考、敢于标新立异、涉及的知识领域越来越广的大学生，因此决不能再按老框框办事，不能静等观望，而必须从现状中跳出来，按新时期对大学生培养模式的要求发挥应有的作用。学生工作者是学生思想政治上的向导，是学生学习上的督导，同时是学生人际关系上的协调者和生活上的关心者。学生工作者独特的人格魅力在学生中具有一定的示范作用。大学生多数是远离家乡、父母，缺少关怀照顾，需要有人关心，更需要交流、沟通。多数学生从心理上把学生工作者作为自己的知心朋友，学生工作者往往以师长、朋友的身份处处关心、体贴学生，为他们做好服务，使学生在润物细无声中愉快地学习、生活，健康成长和成才。因此，提高学生工作者的素质成为必要。

一支品德良好、品行端正、作风优良的学生工作者队伍，其一言一行、一举一动，将会

成为学生优良品德形成的表率和楷模。因此，学生工作者必须做到坚持真理、忠于职守，为人师表、以身作则，办事公正、任劳任怨，尤其要坚持树立敬业创业精神和艰苦奋斗精神，发扬革命的献身精神和奉献精神，用自己的实际行动去影响和促进学生进步和成长。除了这种最基本的人格魅力，高校学生工作者要不断提高自身的思想素质、业务素质和政策水平。在当前思想观念、文化思潮多元化发展的趋势下，学生工作者必须转变观念，不断创新，应从以下几个方面着力提高自己的素质：首先，要具备精深的思想理论素质和业务素质。高校学生工作者要通过自学、参加培训等形式，认真学习马列主义、毛泽东思想、邓小平理论和"三个代表"重要思想以及科学发展观，习近平新时代中国特色社会主义思想，学习党的路线、方针和政策，学习高等教育理论与管理理论，了解高等教育改革的经验和做法，把握时代脉搏，提高工作的针对性和有效性。高校学生工作者还要通过各种形式的理论学习和研讨，使自己从中获得改进工作的智慧和动力，对环境的变化要有敏锐的触觉，要不断发现新情况、研究新问题，用富有前瞻性的眼光审视学生工作实践，用理论研究的最新成果指导学生工作实践。高校学生工作者只有具备了牢固的马克思主义世界观，才能在教学与教育工作中，帮助大学生确立正确的政治方向，从而促进大学生马克思主义世界观的形成。高校学生工作者必须具有相应的文化水平和专业知识，才能接近大学生的共同的语言和心理特征。一支合格的学生工作者队伍，一方面既要求他们是学生工作的实践家，另一方面又要求他们是学生工作理论的研究专家。只有具备这种综合素质，学生工作者才能博得学生的敬重和信任，更好地开展工作。其次，要具备牢固的共产主义人生观。高校学生工作者只有具备了牢固的共产主义人生观，才能在教学与教育工作中，始终对大学生进行以辩证唯物主义和历史唯物主义的立场、观点和方法看待人生的教育；只有树立强烈的社会责任感和为人师表的爱岗、敬业精神，才能在教学与教育工作中自觉地把方便让给别人，把困难留给自己，以苦为乐，以苦为荣。高校学生工作者要正确地面对竞争，在工作中要增强危机感、紧迫感和责任感，增强主动性、积极性和创造性，增强对荣誉、得失、风险、失败等的承受能力，始终保持清醒的头脑，做到胜不骄、败不馁，使自己的心态经常处于平衡状态；要敢于竞争、善于竞争，同时还要引导大学生树立积极的竞争观，并通过竞争培养大学生的顽强拼搏精神。再次，要具备积极的创新教育观念。高校承担着培养和造就创新人才的重任，要通过创新的机制，保证教育内容、教育方法、教育载体、教育渠道上的创新，努力培养出广受社会欢迎的高素质创新人才。一要重视制度的创新。高校学生工作者要尽快转变传统角色，用规范的管理和高质量的服务影响学生，构建民主平等的师生关系，确立学生在教育和管理工作中的主体地位，逐步把学校教育管理工作重心向学生主体转移，要将教育、管理和服务功能相统一，强化服务理念，突出服务功能，更加自觉、主动、积极地为学生服务。针对新形势、新问题，突出针对性、可操作性的新的规章制度，高校学生工作者要不断提高学生工作的科学化、制度化、规范化水平。二要注重教育内容的创新。学生工作是做人的工作，学生教育工作内容必须随着学生的思想变化而调整。对目前的大学生来说，他们已不再满足于传统的理念和模式，在实际教育中有时难以取得好的效果。高校学生工作者可以借助易被学生接受的具有时代感的文化思想打动学生，但必须坚定不移地坚持弘扬主旋律，实现以科学的理论武装人，以正确的舆论引导人，以高尚的情操塑造人，以优秀的作品鼓舞人。三要不断探索教育方法的创新，要讲究工作方式方法的艺术性，必须树立"以人为本，学生至上"的观念。高校学生工作者可以开展广泛的调查研究，切实解决学生中存在的苗头性、倾向性问题，并以自身的实际行动做良好校风的建设者、维护者；把解决思想认识问题与解决实际问题相结合。充分运用现代化的传播手段，达到应变及时、有效控制思想舆论阵地的目的；增强学生工作的吸引力、影响力、渗透力，及时调整工作角度、转变思维方式，增强学生工作的针对性、实效性；要创造良好的育人环境，营造积极健康向上的校园文化氛围，陶冶学生热爱集体、刻苦学习、团结互助、文明健康的情操，激发其爱国主义和献身社会主义事业的热情；要发挥学生团体和学生骨干的辐射作用，使之成为学生教育管理工作的重要载体。最后，要具备强烈的信息意识。高校学生工作者只有具备了强烈的信息意识，才能学会和善于收集信息和运用现代化的网络技术获取所需信息，并判断、推理、筛选出有价值的信息，再对信息进行检索、分析、利用，从而为学生工作的决策提供依据。高校学生工作者在提高自己知识水平的同时，要注意培养大学生开发信息、储存信息、处理信息和转化信息的能力；要认识到教学与教育过程就是一个双向信息交流的过程。正确认识和处理这种双向信息交流，并使信息交流渠道通畅，是完成教学、教育、管理任务和提高质量的重要条件。因此，必须加大信息应用力度，把学生思想教育工作的领地推向网络前沿，将网络的宣传、教育功能有效地引入思想教育和管理领域。

总之，应从全方位入手，提高学生管理工作者的素质和水平。应健全学生工作者队伍培养机制，定期进行专业培训，给他们创造学习的机会，自觉把学生管理创新理念与学生管理工作实践相结合；从人员结构、职称待遇等方面入手，改善队伍结构，提高相关待遇，让学生工作人员把学生管理工作作为自己潜心研究的专业、立志从事的职业和乐于奉献的事业；健全考核、评估、激励、反馈机制，坚持实事求是、公正全面的考核原则，努力激发学生工作者队伍的积极性，增强他们的事业心和责任感。

（二）创新学生管理工作的方法

在全球化的背景下，传统的学生管理方法面临严峻的挑战。随着学科的建设和发展，学生管理也应当形成自身科学的、实效的方法论。进行方法论的研究和创新已成为学科创新的当务之急。目前，我国高校学生管理队伍中普遍存在工作观念滞后、思路滞后、方法滞后、手段滞后等问题，跟不上时代发展的需要。学生工作者要善于运用现代管理方法和信息手段，创造适合学生发展规律的、切合学生身心特点的工作方法，使学生工作更富感染力和实效性；要经常深入学生的学习和生活之中，重点关注学生中的特殊群体，使学生工作更富有说服力和艺术性；要深入挖掘和树立青年学生中的先进典型，树立可亲、可信、可学的道德榜样,使学生工作更富有吸引力和生动性;要定期进行学生状况的调查分析,为政策制定和方法研究提供可靠依据和参考资料,及时总结新做法,推广新经验,使学生工作更富有影响力和创新性。

首先,应借鉴相关学科的知识和经验,拓宽学生管理工作的研究视野。在继承党的思想政治工作优良传统的基础上,借鉴和吸收相关学科的研究成果和方法,是拓宽研究视野,深化理论认识,从而不断开创新形势下学生管理工作新局面的途径之一。更值得关注的是,目前学生管理研究已不局限于社会科学的借鉴,而开始关注自然科学系统论或生态学视野下的学生管理。尽管这一探索还有待一定时日的实践来检验,但这种理论探索的精神还是应该拥有的。其次,应注重以实证研究的方法检验学生管理理论的科学性。传统的学生管理研究方法主要是采用以思辨为基础的理论研究和逻辑研究。广泛地使用实证研究方法是对学生管理研究有益的补充。实证研究就是根据现有的材料进行统计、分析、实验,通过量化的、精确的测试得出结论,其中包括编制调查问卷、量化模型数量分析、矩阵概率数学方法等,以此客观、真实地了解和反映大学生的思想现状与特点,坚持定性与定量方法相结合,真正实现学生管理决策的科学化。最后,应关注国外学生管理的新方法,通过比较研究借鉴其中有益的成分为我所用。学生管理必须与时代主题紧密结合,大胆吸收人类文明中的先进、有益成分,要通过了解国外学生管理的历史、现状和发展趋势,比较、鉴别、融合,推动我国学生管理学科的发展。美国学生管理模式具着隐蔽性、渗透性,注重道德实践,注重理论的科学性和可操作性等特点,我们可借鉴其中的合理成分,可以为我们改革和创新学生管理工作提供新的思路和视角。

第二节 高校学生管理工作模式的探索创新

一、我国传统高校管理模式的反思

总体而言,自中国有高等教育以来,传统的高校学生管理模式就是典型的行政型管理模式。不管是清末的京师大学堂,还是民国的各类高等院校,概莫能外。特别是中华人民共和国成立后,国家对教育实行高度集中统一的计划管理,教育计划与国民经济建设计划紧密相连;学生就学全部免费,工作由国家包分配。高校学生工作的通常做法就是从学校的条条框框出发,要求学生去适应各种规章制度和教育管理方式,各项计划和管理比较容易脱离学生实际。

第一,高校与学生之间的关系定位为特别权力关系,在这种管理和服从关系模式下,学生成为师生关系中被动接受知识传授和管理的一方。在计划经济体制下,学校是直接依据国家计划来办学的,学生从踏进大学校门起就被限定在一个严格的专业中,直至毕业。除了按部就班地掌握本专业已经为他设定好的学习内容,学生很少有机会按照个人的意愿和特点去自主学习,选择职业、工作地点等。第二,过于强调外在规范管制,对学生自我约束的引导不足。目前,多数大学的校、院(系)、班三级学生管理的工作重心是用严格的校纪、校规来规范、约束学生的行为,以一种管束学生的强制性态度和检查、监督的方式对待学生,而忽略了启发、引导学生的自我管理意识和自我约束能力。在这种管理方式下,学生缺乏参与管理的积极性和自我管理的主动性,那些外在的各种社会规范,不仅很难内化为他们的自觉要求,而且容易引发学生与管理者的冲突,影响师生关系的和谐,并使管理工作的效率大打折扣。第三,传统的能力评价观束缚了学生的自我发展。传统的学生管理体现出要求整齐划一、大一统的思想倾向。对学生的评价、鉴定、奖励、就业推荐等一般是从相对固定的几个大的方面,以学生平均状况为基准,把每个学生的相对成绩表现划分等级。这种评价会给学生这样一个意识:考试分数高的同学就是能力强的学生,考试分数高就会有好前途和更多的发展机会。这种重统一、轻个性的模式化管理目标显然不利于学生主体结构的充分发展。

在传统的学生管理模式下,把所有学生当作一个整体,实行标准化、统一化管理,抹杀了学生的个性。受此影响,传统的教育模式习惯于让学生处于被动、从属地位,把学生仅仅当作受教育者,这显然不利于"创新人才"的培养。在传统的学生管理模式下,学生的教育培养呈现出以下特点:第一,重知识,轻能力。传统教育模式忽视学生能力的培养,对学生的教育评价缺乏科学性,使"分数"成为衡量学生的根本标准,造成了"高分低能"的现象。第二,重智育,轻德育。传统教育模式过分地把学生的智力发展放在优先位置,甚至不惜降低对学生其他方面发展的要求,导致学生的发展不均衡、不全面。第三,重共性,轻个性。传统教育模式对学生实行"规模化""批量化"培养,使许多学生的学习潜力得不到深入挖掘,同时,又使许多学生受到强制性淘汰,得不到最适合自身的教育。第四,重过程,轻结果。传统教育对同一年龄段的学生实行统一入学、统一毕业的"工厂化"教育模式,过分注重程序与步骤的统一,忽视了学生个体差异对学习成绩和教育效果的影响,不能做到因材施教、因类施教。第五,重灌输,轻引导。传统学生观认为教师和学生之间是管理者与被管理者的关系,学生被要求无条件地接受学校的教育管理,学生的学习自主权得不到尊重;与此同时,学校在对学生的教育管理过程中,对一些日常性的事务管得过多,但对于学习方法、学生心理、就业和择业观念等却缺乏必要的引导。

二、新时期高校学生管理模式的探索与创新

学生上学交费、毕业自谋职业、民间资本兴办高等学校谋利等,预示着中国高等教育已经走向市场化、产业化。大学生从一个高等教育的无偿受益者转化为高等教育的消费者,其角色转化自然导致高校学生与高校之间社会关系内容的变化,必然导致高校管理模式、管理理念的变化。而这种变化是应该遵循市场规律,适用市场规则的。

(一)大类招生背景下高校学生管理模式的探索

当前,许多高校在本科教育中采用了按大类招生的培养模式,即在高考录取时不分

专业,按大类进行招生,学生进校后经过一定时间的基础课程学习后,再根据自身条件和社会需求选择专业。这样可以使专业选择更贴近学生志愿,更能反映社会需求趋向。由于这种模式与目前高校实行的学分制改革紧密联系,在人才培养上具备一定的灵活性,符合当今高等教育教学改革的大趋势,因而,被越来越多的高校所采用。以往我们设置的专业划分过细、口径过窄、针对性过强,培养的学生思维较古板,创新性不足,已经难以适应现代社会大环境的要求。按大类招生及培养学生,能有效地在学校内部利用多学科的优势,克服原有院、系的框架,打通相邻专业的基础课程,实现多专业的有机组合。同时可以有效地使专业向复合型转化,进一步促进和加强新专业的建设,在学科或学科群的范畴里,对学生进行更全面的教育培养,以顺应科学技术发展综合化的趋势。但是,这种大类招生模式和高校普遍采用的学分制,给高校学生管理提出了新的要求和新挑战。

在当前高校体制改革的新形势下,把 ISO9000 标准导入高校学生工作评价中,是高校学生管理制度科学化、规范化的迫切需要。ISO 标准是国际标准化组织(ISO)颁布的质量管理体系标准,适合世界各类组织。贯彻 ISO9000 标准,是通过控制组织的工作过程来保证组织的产品及服务对象符合法律法规和管理、技术规范等要求。高校学生工作是一个组织,其管理及服务对象是学生,其对学生的管理也是一个动态的过程管理。也就是说,高校学生管理工作是有组织、有对象、有过程的管理,因而适合 ISO9000 标准体系。在当前高校内部教育体制改革的新形势下,把 ISO9000 标准导入高校学生工作评价中,一方面,首先应确立高校学生工作的质量方针,确立学生工作目标,然后再把目标转化成易于测评的指标体系。高校学生工作可被分解成五个方面的"一级质量目标":学生思想道德建设、学风建设、组织建设、纪律建设、后勤建设。以上五个方面可细化为若干个子项,例如,组织建设可被分解为党组织建设、团组织建设等四个子项,各个子项可再细分为若干个目标指向,最后若干个目标指向再被分解为若干个点。高校学生工作组织以完成子目标的点数作为考评其学生工作成绩的依据。另一方面,对高校学生工作的认证,不是给学生工作组织本身认证,也不是给学生工作组织的上级组织认证,而是由隶属于国家质量认证中心的第三方权威评审中介机构来认证。高校学生工作与第三方评审机构的有机融合,可以有效地防止高校学生工作的盲目性和随意性。最重要的是,这一改革引入了外审机制,由社会中介机构来评价高校学生工作业绩。中介机构不是学生工作组织本身,也不是学生工作组织的上级组织,他们以事实为基础,将高校学生工作作为审核对象进行评价、监督,有其客观性和公正性,能有效地推进高校学生管理工作的开展。

(二)学习借鉴美国高校学生管理体制

美国高校学生管理体制与我们不同。在我国的高校,学生工作的重心在院系,各院系都有分管学生工作的党总支副书记和副院长,下设年级政治辅导员,一般以班、年级为单位管理学生。而在美国,学生工作的重心在宿舍部,宿舍部配有正副部长及部长助理若干名,宿舍部下面是学生宿舍,每个宿舍都配备专职管理员,一般以学生宿舍为单位管理学生。

学分制是促使美国高校将学生工作基地放在宿舍的最主要原因。美国各高校实行的是完全的学分制,学生进校不分班、年级,在开始的一两年中也没有专业和系的概念,集体宿舍是学生相对稳定的地方,故他们以宿舍为单位管理学生是合理的。中国的管理体制是块状的,每个学院就是一个块,这个块中五脏俱全:有教学科研,有学生管理,有党政工团工作等。美国高校的管理体制是条状的,各项工作细化成不同的条,教学科研这一线条在系里,学生生活这一线条在宿舍部。教育管理体制上的差异决定中国学生工作的主要基地在学院里,在班和年级,而美国学生工作的主要基地在学生宿舍。不难发现,中美两国存在一个共识,即开展学生工作必须有一个抓手,这种抓手或形式就是集体。中国高校主要是抓学院这个集体,抓班和年级这个集体;他们是抓宿舍这个集体,抓宿舍的每个层和每个寝室。

美国高校的学生管理体制——以宿舍为单位管理学生的方式是值得我们借鉴的。这有双重原因。其一,随着教育改革的不断深入,中国高校在许多地方将和国际接轨,比如,学分制的推广。到那时,班级和年级的概念没有了,系和专业的概念也将被打破,学生工作的重心有可能向学生宿舍转移。其二,宿舍实际上是学生课堂的延续,或称第二课堂。从时间上来说,学生待在宿舍里的时间一般要长于在课堂的时间;从空间来说,宿舍不仅是学生生活和休息的场所,也是他们学习的园地、信息获取的窗口、思想交流的渠道、娱乐的天地。学生人生价值观的形成和变化在很大程度上受宿舍氛围的影响,学生中的事端也往往发生在这里。故学生宿舍是思想政治工作的一个相当重要的阵地,即使不实行学分制,高校学生工作者也应该很好地去占领。

美国高校学生管理注重制度化、规范化、科学化。制度化主要表现在规章制度的严格健全上,仅宿舍管理就有如下制度:一是饮酒制度。美国各州法律都规定,21岁以下者在公共场所不得饮酒。在学生宿舍也有相同的规定,若学生违反这个规定,第一次被发现要参加由宿舍部举办的3小时学习班,再次发生则要参加义务劳动或搬出校园,屡教不改或饮酒肇事者则开除出校。二是安静时间制度。为确保大家的学习和休息,美国一般规定平时每天晚上10:00到第二天上午10:00,周末晚上12:40到第二天中午12:00为宿舍的安静时间。在这段时间,寝室里的电视机和音响不能开得过响;在走廊上不得跑步,只能轻轻地走;不准在走廊和卫生间高声谈笑。考试期间,安静时间每天为24小时。如有人违反上述规定,学生管理员和学生会的干部,乃至其他学生都会出来干涉、做工作。三是会客制度。每天早上9:00前及晚上10:00后不得会客,其余时间可会客,但要登记。四是客人留宿制度。平时寝室里不准留宿客人,周末可以,但留宿时间不得超过3天。五是吸烟制度。每个宿舍都有一些允许吸烟的房间,在其他房间和公共场所不可以吸烟。六是关于家具及使用电器的规定。寝室内家具不可以搬离或移动位置。寝室内只可以使用电视机、录音机、咖啡壶、小型微波炉以及体积为5.4立方米的电冰箱，如果使用其他电器则一律没收。七是四禁制度。严禁赌博、吸毒，严禁将动物和枪支弹药带进学生宿舍。八是安全撤离制度。为保证人身安全，各宿舍都装有火警报警器，若听到报警声，不管在白天还是深夜，全楼人员必须迅速撤离大楼，对滞留者处以重金罚款。如果听到龙卷风等预报，全校人员也必须迅速撤离房间到地下室躲避。九是赔偿制度。宿舍大门钥匙或厨房钥匙丢了要罚款，损坏公物要照价赔偿。

在中国，高校学生管理方面也有制度化的特点，也以学生宿舍为例，有会客制、熄灯制、清洁卫生制、家具电器使用制、赔偿制等。在建立规章制度方面双方有许多共同点。首先是认识上的一致，大家都认为对学生的教育，除了做说服工作，还必须建立一套必要的规章制度（即教育和管理相结合）。前者带有自觉性，后者带有强制性，两者是相辅相成，缺一不可的。特别过集体生活，规章制度显得尤为重要，集体宿舍的规章制度可保证学生有一个良好的、有序的学习、生活环境，能使多数人的利益得到维护，能使学生养成良好的行为规范。

美国高校学生管理方式的科学化是指广泛地应用计算机。他们干任何工作都借助电脑，如学生宿舍的分配就如此。新生在进校前必须填写住宿申请单，写明希望住哪幢学生宿舍，对室友有什么要求，自己的生活习惯如何，本人是否吸烟，是否介意别人吸烟，是否愿意住在无烟区。一般可以填3个志愿。宿舍部将申请单收齐后输入计算机，再将分配结果反馈给学生。故新生在入学前就知道自己将住在什么寝室，并知道室友的名字和电话。

（三）依法治校，实现高校学生管理模式的法制化

1. 高校学生管理模式法制化的必要性和紧迫性

首先，高校学生管理法制化是依法治国的重要组成部分。依法治国，建设社会主义法治国家，已成为加强社会主义民主和法制建设中的最强音。全面的依法治国应当将社会中的各种关系纳入"法治"的范围，由"人治单元"组成的"法治社会"是不可想象的。同时，法治社会也必然对其构成因子产生此种客观要求，这两者存在互动关系。在这样一个大背景下，学生与高校的关系发生了变化，过去我国高等学校运行的经费来自国家拨款，高校管理者的管理权是行政权力的一部分。虽然从宏观上讲，国家行政权来自人民的公意，但特定到学生与学校的这一具体关系，则是一种纵向的服从与被服从的关系。但自1997年以后，普通高校全部实行并轨招生，学生自费就学、自主择业，学校收取费用、提供服务，学生与学校之间的关系转变为契约关系。管理者的管理活动不再是依据其作为管理者的身份，而是依据契约。高校与学生达成的契约以及学生之间达成的契约，这二者之间时有交叉。由此，在高校学生管理工作中，学校更多的是以民事主体的身份出现的，当然也不排除其出于社会公益目的而为公法授权之行为，比如依据《中华人民共和国教育法》对学生学籍进行管理，依据《中华人民共和国学位法》授予学生学位，依据原

国家教委《普通高等学校学生管理规定》行使相应的行政管理权，其管理活动须纳入"法治"的轨道是毋庸置疑的。

可见，高校学生管理模式法制化是高校社会主义办学方向的自我要求。高校作为社区、社会生活的重要组成部分，作为科技、文化的辐射源，对于整个社会的法制化建设具有重要影响。党把依法治国、建设社会主义法治国家确立为我国新时期党和国家重要的治国方针，这是政治体制改革的基本要求和主要任务。社会主义法制化国家的建立，不仅需要有完备的法律体系，更需要全体公民具有良好的法律意识和法律素质。高校培养的人才是未来我国经济和社会发展的重要力量，其法律意识、法制观念如何，直接关系到他们在今后的社会生活中的行为方式是否符合法律规范的要求，关系到国家事业的成败；同时，大学生作为较高文化素质的人才，其言行举止对社会具有较强的影响和示范作用，通过对他们进行法律意识、法制观念的教育，运用法律手段来规范他们的学习、生活，促进他们素质的全面提高，使他们形成遵纪守法的习惯，有利于推进全社会的法制化进程。

其次，高校学生管理模式法制化是培养创新人才的必然要求。高校的管理环境是创新人才成长的土壤，强调公平、效率与秩序的法治环境能为人的创造性的发挥提供保障。有人担心高校学生管理模式法制化会人为设置一些条条框框，不利于创造性的发挥。这是对法制的误解。为鼓励创新提供的最有效的保障就是在高校中建立公平竞争的环境，这样才能保障学生创新的积极性不受挫伤。高校学生通过自身努力得不到回报，或者发现那些没有通过努力而采取其他不正当方法的人也获得了和自己一样的待遇，这都是对高校学生的积极性的极大伤害。因为，高校是他们踏入社会的第一步，在高校获得的社会经验对他们以后的人生会产生莫大的影响。高校管理如果不能从制度上保障学生的权利，让所有人在公平的环境下竞争，则将会从根本上扼杀学生的创造力。因此，可以说，实现高校培养创新人才的目标，必须依靠高校学生管理模式法制化。

再次，高校学生管理模式法制化是高校管理体制改革的内在要求。在市场经济体制下，高等学校已从计划体制下的纯公益性事业单位转变为既坚持公益性又有产业性的教育实体。学校作为独立的事业型法人，享有办学自主权。学生享有自主决定报考学校及专业类别、缴费上学、接受高质量的服务和受教育的权利。学校与学生的行为受符合法律、法规的双方各自利益意愿的约定，即合同的调整。学生报到、注册、取得学籍即表明他们做出接受学校的教育、管理和服务，遵守学校的规章制度，缴费上学的承诺。学校接收学生入学，表明学校要按约提供优质的教育教学服务，使学生圆满完成学业。双方依合同约定享有权利和履行义务。如果学生违反合同，不履行遵守校纪、校规的义务，则学校按法律、法规规定及合同约定行使权力给学生以处分，学生承担违约责任；反之，学校不履行义务，构成违约，则学生行使权利，如请求权、申诉权甚至使用诉讼权维护自己的正当权益，学校应承担违约责任。随着高校内部管理体制改革的不断深入，高校后勤社会化的进程日趋加快,学校不再依据其作为管理者的身份,而是依据与学生达成的契约对学生进行管理。社会化的后勤系统实行开放式的管理,要使大学生既能适应后勤服务社会化的管理,又要实现高校教育培养目标。实现学校管理与社会管理的接轨,就必须实现高校学生管理模式法制化。

最后,高校学生管理模式法制化是改善和加强高校学生管理工作的现实要求。虽然我国高校开设了大学生思想道德修养和法律基础公共课,但是不少大学生对这门课并不重视,有些学生即便学了也是为了应付考试,最终学用分离,重学轻用,法律意识淡薄,不考虑自己的行为责任,更谈不上用法律来严格规范自己的行为。他们总感到自己还是学生,还不需要用正式社会成员的标准来要求自己,法律应对他们网开一面。因此,在校园生活中,一些学生随心所欲,想干什么就干什么,破坏公物、胁迫他人等违纪、违法行为时有发生。高校完全可以从《刑法》《民法》《治安管理处罚条例》等法律、法规条文中找到处理的依据,然而在实际中总是按校规来处理。而大学生们认为校内的制度是有弹性的,即使处理了,他们也只认为是违纪,而不认为是违法。这就混淆了法律和纪律的概念,影响了法律的尊严。甚至有的司法机关出于对大学生前途的考虑,在处理学生违法行为时就低不就高,就轻不就重,将违法作为违纪处理,这在某种程度上助长、放任了学生的违纪、违法行为。实现高校学生管理模式法制化,用法律、法规来调整和规范大学生的行为,有利于提高学生管理工作的效率和质量。

高校学生管理模式法制化的紧迫性。一方面,从我国高等教育大的层面来看,法律规定的缺位、滞后与粗糙是高校学生管理模式法制化进程中亟待解决的问题。在我国高等教育方面法律规定的缺位,最突出地表现在缺乏必要的纠纷解决机制方面,尤其是缺乏受处分学生对处分不服如何救济的法律程序。众所周知,在改革开放至今的40多年里,尤其是近些年,我国高等教育取得了突飞猛进的发展,高等教育领域正在进行一场深刻的革命,目前,我国的高等教育已经基本上完成了从"精英教育"向"大众教育"的转变,加之近些年社会经济、文化的迅速发展以及人们观念的改变,我国高等教育正面临着前所未有的新的形势,一些在当初计划经济占主导地位时期由"政府推进型"立法所产生的法规本身就笼统、粗糙,这些法规在新形势面前已经显得"力不从心"。如《普通高等学校学生管理规定》第六十三条规定对品行极为恶劣,道德败坏者,学校可酌情给予勒令退学或开除学籍处分。在高校管理中,对于学生偷食禁果者的处分一般都套用该规定而对其予以勒令退学或开除的处分。但是,对于偷食禁果的学生是否属于"品行极为恶劣,道德败坏者",在今天人们的观念已经能够容忍避孕套自动售货机堂而皇之地设置在一些大学校园内的"新形势下",是否继续沿用以前的思维值得进一步思考。另一方面,具体到各个高校,学生与校方纠纷的增多也使得高校学生管理模式法制化成为现实而紧迫的问题。例如,为了严肃考风考纪,有些学校规定,考试作弊一经发现即对作弊的考生处以勒令退学或开除学籍的处分。被勒令退学或开除的学生的前途往往就此毁于一旦。如此规定是否违反高等学校教书育人的宗旨？就其规定本身来说，其实就是不合法的。按照《普通高等学校学生管理规定》第十二条的规定，对于"考试作弊的，应予以纪律处分"；第二十九条规定应予退学的 10 种情形之中，并没有不遵守考场纪律或作弊应予退学的规定；第六十三条虽然规定了"违反学校纪律，情节严重者"，可给予勒令退学或开除学籍处分，但前提是高等学校"学校纪律"规定本身应该符合我国有关法律的规定，而不能在法律规定之外任意扩大，自我授权。因此，这种仅依据学校内部的一纸超越甚至违反我国现行法律规定的管理规定就剥夺受处分学生享有的受《宪法》保护的受教育权，其合法性实在值得怀疑，也难免有些学生因此而将校方告上法庭。

2. 法治的主要内涵和目标

把握法治的内涵首先要澄清两种模糊认识。其一，"法治"不同于"法制"。从本身的含义来说"法治"是指严格遵法、守法，依法办事的原则，而"法制"是指一定范围内的法律制度或法律上层建筑系统。法治是运用法律及其制度为基本手段和方法来治理，是法制的功能要求和动态过程，是包括法制在内的更大的系统。其二，"法治"是指"依法"管理，即将法作为学生管理的最高权威，没有任何个人或利益集团可以凌驾于法之上；而不是"以法管理"，不能将此仅仅作为学生管理的一种工具和手段，否则就会陷入法律工具主义的误区。从某种意义上讲，法治实际上是对社会的权利、义务、权力、责任等进行合理分配的一种制度设计和安排。权力是法治的一个重要因素。权力具有极大的权威性，这必然会出现以下结果：一方面，权力的权威性会给人民和社会带来利益，它是法治所要建构的社会秩序产生的前提，也是法律真正得以实现的基础；另一方面，权力的权威性使之存在着对社会和他人潜在危害的可能。因此它也是法治所要制约的主要客体。权力的制度化、法律化，是使权力在运行过程中依照已由法律规定好的行为模式合法运行。权力的制度化应包括几个方面的内容：一是保证权力具有极大的权威性，以实现权力的正当目的，这主要是指权力用以维持社会秩序与安全、保障自由和权利及实现社会发展目标。但制度化的权力只与特定的职位相联系而非人格化，而职位是对所有公民平等开放的，有利于防止因权力的过分人格化而出现的利用权力谋取个人私利的腐败现象的出现。二是应确立保证权力分立的制度。权力过分集中在某个人或某个机关手中会有两方面的影响，一方面，由于缺乏权力内部的分工，而降低权力的效率；另一方面，更为重要的是，由于权力的过分集中，使权力间失去互相制约的可能，而产生更大的任意的可能。这种任意如果由好人来行使，也可以"使好人无法充分做好事，甚至会走向反面"；而一旦由坏人来行使，过分集中的权力将极大地损害社会和公民的权利。在人治社会人们只能依赖圣君贤相，但法治合理的权力制度可以把权力的潜在危害性降到最低点。三是以权利作为权力的运行界限。早在 18 世纪，孟德斯鸠就认为：一切有权力的人都容易滥用权力，这是万古不易的一条经验。有权力的人使用权力只有在遇到权力界限时才有休止的可能。在法治下，应形成以制度化的权利制约权力的机制。基于这样的设计，权力的制度化包括以宪法、行政法、诉讼法等法制确定权力的产生、构成、限制、运行、保障、责任和监督制度。权力的制度化，使法律成为使权力合法化的唯一手段，通过法律可以准确地确定官方权力的范围和界限，从而有利于实现通过法律对权力的控制，以确保权力的行使符合正当的目的，防止出现权力的误用和滥用。

权利是法治的另一要素。以法律的形式对权利和自由进行合理分配是法治的目的。权利的制度化是指将社会中的权利要求转化为法定权利。现代社会起源于商品市场经济的发展，在这种经济条件下，社会关系主要体现为物质利益关系和平等交换关系，这就必然产生人们对利益和平等的权利要求。但是，仅有权利要求是不足以保证权利的实现的，加之现代社会各种利益的冲突，人们的权利要求也各不相同，只有将这些权利要求通过立法者的选择和平衡，在具体的法律法规中将其制度化，才能确保权利真正受到保护和得以实现。权利的制度化具体表现在：一是有关权利主体的制度。主要指权利主体地位的规定，权利主体不仅包括公民、法人，还包括政党和其他社会组织；具体权利义务的规定，如公民政治权利的规定，主要有选举权和被选举权，言论、出版、集会、结社、游行示威权，知情权和参与决策权；经济方面的权利，如所有权、劳动权、平等权、继承权、投资权等。但权利永远不可能是任意和无限的，权利行使的绝对化必然会导致无视权力和他人权利，给社会造成灾难。因此，法律在将权利制度化的同时，也通过义务的设定，使权利主体在享有权利的同时也应承担义务。责任方面的制度，任何主体包括公民、法人、政党等权利主体对权利的滥用和对义务的漠视都应承担法律责任。二是有关权利实现的制度。将法定权利转化为实有权利，这才是法治所应追求的目标，在将权利要求转化为法定权利时，必须考虑到权利的经济、政治和法律保障制度化。三是权利救济制度。当合法权利受到非法侵害时，法律应提供有效、及时的法律救济方法，这主要表现在各种诉讼制度上。以保障公民基本权利的宪法和其他单行法规，以产权制度、法人制度和契约制度为核心的现代民商法，都在致力于实现权利的制度化。

完善、可行的权力和权利制度是判定一个社会是否真正实现法治的最基本的制度准则。以此为出发点形成一系列的法律制度、规则、原则和概念，它们共同构成法治的制度标准。实现学生管理的法制化，单纯仰仗法制是不够的，还要建立一个学生管理法治系统。这个系统应包括：法治的主体系统——民主系统，即校园内以民主形式组建的对学生管理工作具有决定性影响的组织；法治的思想观念系统——学生管理工作的主导系统；法治的教育系统——包括对管理人员的法治观念的培训以及对学生的法律教育系统；法制系统——包括调整学生管理活动的由国家制定的法律、法规以及学校自行制定的规章制度系统；法治的辅助系统——包括学校的学生处、保卫处以及校园文化心理、伦理道德等系统；法治的信息反馈系统和监督系统——前者包括国家和学校相关部门的内部反馈系统以及校刊、广播站等外部反馈系统，后者包括国家、政府的监督，校长、党委领导的监督，学生代表大会的监督以及民间社团、校内传媒等社会监督，还有来自学生的直接监督,二者时常是你中有我、我中有你。

3.实现高校学生管理模式法制化的有效途径

第一,加快高校学生管理工作法制化进程是实现学生管理模式法制化的前提和基础。推进管理法制化是纠正高校学生管理制度建设弊端、堵塞制度漏洞的有效手段。《中华人民共和国高等教育法》第十一条规定,高等学校应当面向社会,依法自主办学,实行民主管理。它明确了学校自主管理权的行使必须遵循法制原则。学校教育是对"人"的教育,对人的教育必须建立在尊重人的基础之上,而对人的尊重首先是对人权利的尊重。长期以来,教育道德化是我国高校一贯的教育理念。在教育过程中,权利的设置和运用常常只受道德标准的衡量与限制,而缺乏法律的规范。但在依法治国的环境下,学校与学生之间的关系已经不再是一种简单的管理者与被管理者的关系,而是一种对应的权利义务关系。因此,应当将教育关系作为一种法律关系来看待,应当将尊重受教育者的合法权益作为教育者的首要义务。在行使教育管理权时,首先考虑的不应当是如何"处置"受教育者,而应当是这样处置是否合法? 是否会侵犯受教育者的权利? 真正将受教育者作为一个平等的法律主体来对待。这才是我们需要的一种符合时代发展要求、体现现代法制意识的教育理念。

高校学生管理工作的法制化需要管理者提高法律意识。高校管理者具有良好的法律意识是严格依法办事的重要前提,可以促使管理者在依法行使自己管理职权的过程中,尊重和保护学生的法定权利,避免对学生的侵权。高校应该通过进行法学理论方面的专门化培训、敦促管理者自学等方式,培养管理者的法律意识,尤其是民主思想、平等观念、公正精神、法制理念等,从而自觉用法律、法规来规范自己的言行,在管理工作中公正对待学生,尊重学生权利。高校可以外聘一些专职司法工作者,组成学生法律援助组织和仲裁机构,并与司法部门建立联系,协同接受各类申诉,立案处理一些案件,形成法制化的育人环境。与此同时,高校还应加强高等教育法律理论的研究,加快高等教育立法以及及时清理不适应时代要求的高等教育管理类法律、法规的步伐,解决目前我国高等教育无法可依和法律、法规严重落后于时代发展要求的现状。可喜的是,有关部门已经注意到教育管理类法律、法规、规章滞后于时代要求的问题并正着手予以解决。例如,《中华人民共和国民办教育促进法》已出台。该法的出台,使我国民办高等教育长期以来无法可依的历史宣告结束。

第二,建立正当的管理程序是实现高校学生管理模式法制化的关键。在具体的管理行为中,实现法制化的重中之重在于程序,实现了程序的法制也就实现了管理行为的法制。这就要求,高校在处分学生时要及时将处分意见送达本人,确保学生的知情权不受侵犯;建立听证制度,充分保证学生的知情权;建立申诉机制,使学生有一个为自己辩护的机会;建立司法救济机制,保障学生的合法权益。正当程序原则可以追溯到英国普通法传统中的"自然正义"原则。正当程序的基本要求是:任何人不能作为自己案件的裁判者,纠纷由独立第三人裁决;做出影响相关人权利义务的决定,特别是对当事人不利的决定时,必须听取利害当事人的意见,给予其陈述、申辩、对质的机会;纠纷的裁断过程中不可偏听偏信,不得单方接触;一切都必须予以公开,保证公正和透明度;在裁决时应尽可能考虑一些比较。我国法律中并没有关于"正当程序"的条文规定,正当程序只是作为行政法的原则和理念存在。《中华人民共和国行政处罚法》规定的简易程序、一般程序和听证程序,也不适用于高校学生管理和纪律处分。但是,从司法实践来看,田永诉北京科技大学案实际上已经确立了正当程序的准则。法院的判决书中指出:"按退学处理,涉及被处理者的受教育权利,从充分保障当事人权益的原则出发,做出处理决定的单位应当将处理决定直接向被处理者本人宣布、送达,允许被处理者本人提出申辩意见。北京科技大学没有照此办理,忽视当事人的申辩权利,这样的行政处理不具有合法性。"法院在没有任何法律规定的情况下,根据正当程序的要求认定学校程序违法,从而创造性地运用了"正当程序原则"。此后,刘燕文诉北京大学案也应用了正当程序的理念。一审法院的判决认为,"校学位委员会在做出不批准授予刘燕文博士学位之前,未听取刘燕文的申辩意见""做出决定后,也未将决定向刘燕文实际送达",即法院认为高校的处理决定存在程序上的瑕疵。也正是因为法院对高校学生管理行为的司法审查,使得高校不得不在学生管理过程中考虑程序的正当性,从而引起教育界和学术界对于高校学生管理过程中正当程序的关注。可以说,司法审查是高校在学生管理过程中适用正当程序的最大推动力。

从保障学生权利和维护学生尊严的角度来看,正当程序有利于保障学生的权利,特别是涉及学生的基本权利时更是如此。高校学生管理过程中的正当程序是对学生权利保障的基本要求,没有正当程序,受教育者在学校中的"机会均等"就难以实现,其"请求权""选择权""知情权"就难以得到保障和维护。另外,如果仅仅从工具性价值来理解正当程序的话,那就贬低了正当程序的价值。程序不能只是达成实体正义的手段,程序具有自身独立的价值。正当程序的内在价值有两个方面:一是对人作为人应当具有的尊严的承认和尊重,即尊重个人尊严;二是正当程序包含了"最低限度公正"的基本理念,即某些程序的因素在一个法律过程中是基本的、不可缺少的,否则,人们会因此感到程序是不公正的、不可接受的。在很长的一段时期内,高校和学生的关系具有强烈的特别权力关系的色彩,学生只是消极的被管理者,高校与学生之间的地位是不平等的。在这种情况下,正当程序是没有必要存在的。随着我国实施依法治国方略,全面推进依法治教,高校学生管理必须法制化。民主法治的发展和人权保障的要求,将特别权力关系纳入司法审查的范围,既符合正当程序原则,也成为限制特别权力的基本原则之一。因此,在高校学生管理过程中引入正当程序,是对学生人格尊严的尊重。

第三,建立科学的学生管理评价体系和多元化的学生权益救济机制是实现高校学生管理法制化的重要保障。高校对学生的规范约束,主要依据是法律标准。特别是在学生处分问题上，道德品质评价不能作为处分学生的依据。在对学生进行处分时，要就事论事，事实清楚、程序正当、依据明确、定性准确。在此问题上，我们要改变既往惯常对问题学生进行处分的教育管理模式，发挥思想政治工作的优势，在处分前要注重对学生思想和行为规范不良倾向的引导和疏导，在处分中要加强对学生的思想教育，调动学生主体的自我教育功能，引导学生强化个体和社会责任感；处分后要做好后续的管理和服务，给予学生更多的人性化关怀。通过把思想教育"软件"与刚性管理"硬件"密切结合，营造良好的育人环境。另外，一直以来衡量高校学生管理工作好坏的重要标准是管理效率的高低，对公平、正义的维护则显得不够。确立科学的学生管理评价体系就是不仅要实现"管住人"，还要"管好人"，以德服人、以理服人，维护学生的正当合法权益。

学校对学生的严重处分，不是对学生宪法上受教育权的剥夺，而仅仅是对该学生在一个特定教育机构接受教育过程的终止，不涉及学生宪法权利的保障。因此，在构建不服处分的救济制度上，不需要考虑宪法上的救济即宪法诉讼或其他违宪审查方式的问题，但是要考虑高校对学生的管理，在很大程度上具有行政管理的意味，法律、法规、规章对高校行政处分权的行使规定了严格的条件。行政处分的法定性特征具有对行政处分实施普通法律上救济的条件。就高等学校行政处分纠纷案件而言，行政诉讼和包括教育行政复议、学生申诉制度、教育仲裁制度、调解制度等在内的非诉讼机制都是学生可以利用的权益救济方式。建立多元化的学生权益救济机制，既是以法治校的重要体现，又是避免学校陷入司法审查陷阱的必要手段。

第三节　高校毕业生就业指导工作的探索创新

一、高校毕业生就业面临严峻形势

当前，我国正处在经济转轨的关键阶段，大学毕业生的就业形势十分严峻，劳动力市场已经出现了"僧多粥少"的尴尬局面，大量毕业生"漂浮"于社会。根据各省人事部门的有关统计，近几年社会对大学毕业生的需求量不断下降；然而大学毕业生人数却不断上升，当前大学毕业生"就业难"已是不争的事实。大学生就业难主要表现在两个方面：就业率低和就业满意度低。一方面，尽管各高校都用尽浑身解数提高就业率，但从总体上看，就业率连续走低已经是一个不争的事实；另一方面，低就业率下还存在着大学生就业满意度低的现实，主要体现在大学生对薪酬、专业对口率、就业稳定性、就业事业发展预期空间等满意度较低。究其原因，主要是受近年来学生就读高校的成本大幅度地提高，毕业后就业的回报率却相对降低，并且就业质量提高得比较慢等因素的影响。

（一）大学生就业难的现状

首先，从就业需求角度看，由于宏观经济环境的影响和高校规模的高速扩张，造成工作岗位的数量与结构均存在问题。就数量而言，工作岗位的增长缓慢与大学毕业生的增加形成反差。大学毕业生"就业难"是客观存在的。其次，从供给角度看，既存在毕业生不愿从事的大量工作岗位，也存在着因毕业生就业能力不足而无法从事的职业。因此，可以说，当前大学生"就业难"还有一个来自学生自身的原因，即毕业生的就业意愿与就业能力。现在的应届毕业生普遍存在着期望值过高、缺乏实践锻炼、意志力薄弱、动手能力差等弱点，这也成了很多单位不愿意招收应届毕业生的主要原因。最后，从供求匹配角度看，主要的问题是就业信息不对称，缺乏针对大学生的职业指导体系，缺少专业的职业顾问等。由于大学生绝大多数属于初次就业，他们对劳动力市场运行的了解不充分，如果没有适当的职业服务体系来提供就业信息与职业指导，大学生就业的市场过程显然面临着市场效率的损失。毕业生因为不了解某些单位工作的性质，而误解为工作地域不好而不应聘的现象比比皆是。

（二）大学生就业难的现状分析

第一，大学毕业生就业难是高等教育大众化快速发展的必然结果。自 1998 年高校开始扩招、2001 年开始有扩招后的大学生毕业以来，高等教育大众化进程就与大学生就业难联系在一起。一方面，随着高等学校毕业生人数的不断增加，高学历人才的供求关系发生了显著的变化，高校毕业生就业市场转向买方市场，毕业生在传统的大学生就业市场上"供大于求"的现象日益突出；另一方面，热门专业供不应求、长线专业就业困难，应用技术类专业形势较好、基础理论类专业就业困难等现象也表现出来，体现出高等教育设立的专业结构与社会需求的专业结构之间的矛盾。第二，政策方面不合理的限制因素也是高校毕业生就业难的严重障碍。在就业体制越来越市场化的今天，我国原来形成的一整套与计划体制相适应的就业体制日益表现出不合理性。有些政策还成为大学生顺利就业的障碍因素。比如，档案管理制度。档案材料是毕业生成长过程的记录。档案材料本来是为了证明毕业生的人生经历、促进毕业生顺利就业、帮助用人单位更好地了解毕业生而存在的，但在高等教育已经实现大众化的今天，档案管理制度在某些情况下反而成了限制毕业生流动、阻碍毕业生顺利就业的因素。尽管人事制度改革催生了许多新的改良方案，如人事代理制度等，但档案仍然是毕业生到基层、中小企业、三资企业就业的限制因素之一。而毕业生选择自主创业或成为自由职业者时，其档案都会成为一把悬在头顶的达摩克利斯之剑，在将来毕业生向档案管理较为严格的部门（如党政机关、国有企事业单位、部队等）流动或继续深造时造成麻烦。第三，大学生在能力与素质方面的欠缺，也是制约就业的一个重要因素。高校毕业生中有相当比例存在着高分低能、知识面窄、缺乏合作精神、心理素质不够等问题。这不仅是我国的国民教育体系在素质教育方面的不足，也源于大学生对"成才"的理解和实践。当前，社会对技术技能型人才的需求非常强烈，毕业生的动手能力、创新能力、语言应用能力、沟通协调能力、分析能力、学习能力等方面都成为用人单位的考察重点，而心理素质和职业素养也开始受到关注。高校毕业生在具有高学历的同时，具有与之相应的学力、就业力才会受到用人单位的重视。第四，学校就业指导与服务方面存在的问题也是影响就业的因素。高校的就业指导服务能否尽早为大学生指明努力方向，帮助他们为就业竞争做好知识准备、能力准备、心理素质准备，并在大学生毕业前为他们提供充足的就业信息、较为完整的市场形势分析信息、准确的就业政策信息，帮助他们处理就业过程中遇到的心理、政策、程序等方面的问题，对大学生能否顺利就业的影响十分大。同一地区同类高校间毕业生就业状况的差异，在很大程度上是由学校提供的就业指导与服务的差异造成的。

二、高校就业指导工作的现状

高等院校的就业指导工作对于实现人才培养目标和满足社会需要起着重要的桥梁和纽带作用。然而，因为历史和观念等方面的原因，当前我国高等院校的就业指导工作尚不尽如人意，不但同发达国家相比相去甚远，就是距离当前我国经济社会发展的客观需要也有较大差距，难以满足青年学生成才和发展的需要，因而，客观认识我国高校就业指导工作的地位和作用，剖析当前存在的问题，对于提高和改进高校就业指导工作具有重要意义。

随着我国高等教育招生规模的逐步扩大，社会大众对高等教育的期望将会越来越高，在家庭对于高等教育投资不断增大的同时，社会大众普遍关心高等教育能否有合理的投资回报和投资效益。因而，接受高等教育培养的大学生能否顺利就业，不仅关系到大学生自身的成长和发展，也关系到我国高等教育的形象和地位，关系到社会大众投资高等教育的积极性，并进而影响我国高等教育"大众化"战略目标能否顺利实现。而就业指导则是实现教育的投入与效益产出之间的桥梁，是实现教育回报的前提条件。随着我国高等教育改革的逐步深入，高校毕业生就业率将成为衡量一个学校办学质量好坏的重要标志。高校毕业生就业的好坏、就业率的高低，不仅直接影响一个学校的招生形势和生源质量，从长远来看，也关系到一个学校的生存与发展，因而，高校就业指导工作的重要性日益突出。

高校大学生就业工作是一项系统工程，需要社会、学校、毕业生和家长等多方面的协同配合。目前，我国大学生就业指导工作尚处于起步和探索阶段，在高校招生制度和毕业生就业制度改革的推动下，高校积极开展就业指导讲座、举办校园招聘会等。但总体上就业指导工作还比较薄弱，在学校教育中所占比重偏小，尚未将就业指导工作贯穿高等教育的全过程。

目前，我国大多数高校的就业指导工作主要是围绕当年的毕业生就业工作而展开的，开展就业指导的时间基本上限于毕业生"双选"（是由毕业生与单位相互选择，双方都愿意的情况下才可以签定三方协议）期间，就业指导的内容也仅停留在对就业形势的一般介绍和对就业政策、规定的诠释，由于缺乏对就业指导工作的全局考虑和总体安排，就业指导工作功能单一，内容狭窄，在对大学生就业观念和价值取向的引导、职业判断和选择能力的培养以及职业道德教育等方面着力较少,难以适应当前就业形势的要求。在就业指导的方法和手段上,高校普遍存在着手段陈旧、方法单一的情况。目前,高校就业指导工作较为常见的方法是通过大会"灌输",即召开"毕业生就业动员会"和"就业形势报告会",而缺乏针对学生个体特点的专门咨询和有效指导。同时,由于缺乏对地方经济发展和人才需求变化趋势的了解,加之高校就业部门尚未实现从"等米下锅"到"找米下锅"的信息收集方式的转变,因信息来源分散致使就业指导工作缺乏有效性和针对性。许多高校没有就业指导工作的全局考虑和总体安排,开展就业指导的随意性大、内容空洞、方法单一,仅停留在讲解就业政策、分析就业形势、传授择业技巧和收集需求信息等方面,关于学生个性的塑造、潜能的开发、创业创新能力的培养、就业观念和价值取向的引导、职业生涯的规划等方面的内容较少。在就业指导的机构建设和队伍建设方面,存在着就业指导队伍建设薄弱的问题,人员素质有待提高。尽管目前我国大学的组织体制中专门设立了毕业生工作的机构,但这些机构很难代替就业指导的职能。事实上,目前从事高校毕业生工作和学生管理创新模式研究的工作人员,由于忙于应付大量的与就业有关的事务性工作,难以有固定时间和精力来开展针对性的就业指导工作。就业指导工作是一项专业性很强的工作,从事此项工作的教师需要掌握就业政策、就业指导、职业生涯规划、心理学、教育学、人力资源开发与管理、法律等多方面的知识。目前,大多数高校从事就业指导工作的人员多为党政干部,且多为从事学生工作兼毕业生就业指导工作,全校专职从事就业指导工作的人员一般很少;同时,就业指导人员缺乏完整的、系统的培训,个人素质和工作能力参差不齐。

三、新时期高校毕业生就业指导工作的探索与创新

(一)加强高校学生管理者队伍尤其是就业指导队伍的建设

充分认识高校大学生就业工作的重要性,成立专门的就业指导服务机构。高校要认真落实教育部颁发的关于高校就业指导工作的各项规定,充分认识大学生就业工作的重要性,为就业指导工作提供组织保证。各高等院校应成立由学校主要领导挂帅,集教育管理和服务职能于一体的、独立的就业指导服务机构,形成一个学校领导重视、主管部门支持、各个院(系)积极配合的就业工作新局面,最终促进毕业生就业指导与服务工作的制度化、规范化、科学化。但是,目前许多高校的毕业生就业指导部门都缺乏独立性,一般从属于学生处(部)。就业指导工作只是学生工作中的一个方面。因此,建议高校的毕业生就业指导工作应从一般的学生工作中独立出来,成立独立的就业指导中心,一方面可以突出就业工作的重要性,另一方面也有利于理顺各种关系,促进就业指导工作的顺利开展。

在加强就业指导队伍职业化、专业化建设的同时,应考虑对学生就业指导者在某些方面有所倾斜,使他们能安心工作。加强就业指导队伍建设是做好就业指导工作的关

键，拥有高素质的就业指导队伍是开展高水平就业指导工作的人才保障。各高校应该按照教育部的相关规定，配备具有专业水准的就业指导服务人员，提高就业指导教师队伍的整体水平，建设一支具有开拓创新精神、较强的事业心和责任感、高尚的思想品质和职业道德的就业指导队伍。同时，他们还应该掌握与就业指导相关的心理学、教育学、社会学、法律等学科的基本理论与方法，熟知有关大学生就业政策、就业管理业务和就业教育方法，从而真正地为大学生就业服务。为推动就业工作队伍向职业化、专业化方向发展，学校应从多方面努力，制订就业指导队伍的培养和教育规划，通过各种形式对现有的就业指导人员进行培训，为现有就业指导教师的学习、深造提供条件，合理安排他们的工作和进修，使他们通过在职业余学习、进修或短期脱产学习，或者到有关院校深造，系统地学习有关理论知识和专业知识，从而改进他们在就业指导工作上的不足；高校还要建立切实可行的管理评价体系，这是加强就业指导队伍专业化、职业化、专家化建设的重要条件。因此，高校必须在就业指导人员岗位职责范围内，根据就业指导人员自身特点，加强对就业指导人员的管理，对他们履行职责提出严格的要求；应该研究制订客观、科学的考核评价办法，对不称职的工作人员要及时调离工作岗位；通过规范化、科学化、制度化的考评，实现对就业指导队伍的严格管理，建立能进能出、竞争择优、充满活力的聘用机制。与此同时，高校要对从事就业指导教师的长远发展做出统筹安排，对政治素质高、业务能力强、有发展潜力的中青年就业指导教师予以重点培养；条件成熟时，高校可以根据工作需要逐步将他们提拔到领导岗位。有些教师可以作为骨干进一步加以培养，继续留在就业指导岗位，也可输送到教学科研工作或行政管理岗位。一般来说，凡在高校就业指导教师岗位上工作满三年者，可以根据工作需要及本人的条件和志向，进行有计划的定向培养，以解除其工作的后顾之忧。

（二）指导高校毕业生转变就业观念

1. 指导高校毕业生认清就业的严峻形势，正确把握就业方向

大学生就业从国家包分配走向双向选择以至自主择业，出现这样的就业形势是必然的。但是，我国社会主义市场经济体制还不完善，人才资源使用效率不高，人才资源的配置还不合理，人才信息和人才市场相对闭塞，公开、公平、公正的大学生自主择业就业体制还有待健全和规范，大学毕业生要正确认识到：目前的就业压力是就业体制过渡时期特殊阶段的矛盾冲突，大学生的显性过剩并非人才资源的真正过剩，只是在人才资源配置上还有一些矛盾没有得到解决。随着社会的发展，人才资源的配置将会日趋合理，大学生的就业前景会有所改观。首先，党和国家对大学生就业高度重视。党和国家根据不同的就业形势，每年都制定出台相应的就业政策和措施，为引导、协调、安排大学生就业提供了有力保障。同时，随着社会的不断进步，多种经济成分共同发展，社会对人才的需求量越来越大。非公有制企业、乡镇企业、广大基层和欠发达地区更为大学生提供了施展才华的广阔用武之地。其次，应该看到，大学生就业难并不是大学生的过剩；相反，由

于我国人口素质普遍偏低,大学生数量极为有限。目前,我国每万人中大学生的数量远远低于世界发达国家和大部分发展中国家。再次,大学生就业市场的饱和是一种假象。这种假饱和是人才资源配置与人才需求矛盾调和的特殊表现形式。无论是行政、企事业单位,还是其他社会各部门,在人才资源配置上都要遵循连续、合理、有效的原则。但是,目前相当一部分单位存在人员老化、文化素质偏低、办事效率不高的问题;也有一部分单位人员青黄不接、出现断层,合适的人进不来,不合适的人出不去。我们可以说,一部分单位人员的饱和只是一种假象,这种假饱和最终必定会被良性的人才配置关系所替代,低年龄、高素质的大学生在这种配置关系中占据明显的优势。

2. 指导高校毕业生解放思想,转变就业观念

大学生就业由计划走向市场,有一个渐进性、阶段性的演变过程。就业制度的变化需要大学生主动适应,放开眼界,转变观念,勇敢应对社会的选择。一是要改变一次就业的观念。随着社会对人才要求的变化,人才资源总是在不断地交换和流动中得到优化配置。用人制度的改革和人才市场的建立,必将使失业和就业成为今后大学生一生中经常遇到的事情。因此,每个大学生在一生中,都要有多次就业的思想准备。二是要改变一步到位的观念。大学毕业生择业不可能一步就能找到合适的单位,即使是找到了合适的单位,也不见得就能找到合适的岗位。所以,大学生要树立逐步到位的就业观念,不断努力,积极上进,在反复的工作经历和多次的工作更替中,充分施展自己的才华,实现自己的人生抱负。三是要看淡单位的所有制性质。从目前我国的就业环境来看,国有单位并不是唯一的就业渠道,多种所有制经济共同发展为大学生择业提供了广阔的天地。私营企业、民营企业、合资企业进一步发展,其灵活的用人机制将会吸纳更多的毕业生就业。四是要改变对户口、档案看得过重的观念。随着我国市场经济的发展,一次就业定终身的用人办法将会被彻底改变,合同用工、招聘将会成为大学生就业的方向,劳动力市场的开放和人才流动也将为就业提供新机遇,过于看重档案、户口就等于限制了自己的就业范围,减少了施展才华的机会。五是要抛弃职业等级观念和"官本位"思想。比如,机械专业的学生不愿意去机械行业,地质专业的学生不愿意从事勘探工作,师范专业的学生不乐意奉献讲台,工科专业毕业生不愿进企业等。在市场经济下,没有不体面的职业。只要用心去干,干出成绩,就会得到社会的承认和肯定。有的毕业生认为只有留在大城市、进机关才算学业有成。大城市固然是施展才华的舞台,而基层、农村、边远地区同样是孕育成功的沃土。

新的历史时期呼唤创业型人才的培养。高校作为发展的新生力量,必须与时俱进,更新观念,在世界经济和社会发展的大背景下理解创业型人才培养的深刻含义,把培养大批高素质的、创业型的人才作为重要任务来抓。只有这样,才能抢占人才培养的制高点,才能使中国特色的社会主义事业在更高层次和更广的领域直接面对全球技术、信息和资本市场的竞争。

3. 开展创新创业教育

（1）开展创业教育的意义。知识经济时代，高科技产业的发展状况是一个国家国际竞争力的主要决定因素，这就要求高校应把培养具有创业意识、创业心理、创业能力的创业型人才放在首位，从科教兴国的战略高度来认识创业教育的重要性。因为从现实看，经济的发展对传统工作岗位已造成冲击，未来工作岗位将越来越脱离传统的模式和要求，更多潜在的或前人未涉足的新型岗位会不断涌现，而未来的新型岗位必须由具有创业意识和创业能力的人才来开拓。在知识经济条件下，一方面，大量新知识的产生和应用、科学技术的飞速发展，催生了大批的新兴产业，提供了大量的创业机会，呼唤着新时代的创业英雄。另一方面，大量的科技成果需要转化为生产力，也需要大批的创业人才。但从我国的情况看，根据国家科技部提供的资料，目前全国 5100 多家科研院所，每年完成的科研成果近 3 万项，其中能够转化并批量生产的仅有 20% 左右，形成产业规划的仅5%。产生这一问题的原因是多方面的，其中缺乏创业意识、创业技能是主要的制约因素之一。要解决这一问题，就要适应时代的要求，大力开展创业教育，充分挖掘大学生的创业潜能，培养大学生勤奋进取、开拓创新的个性，使大学生由知识的拥有者变为社会价值的创造者。另外，创业对经济发展的促进作用主要是通过技术创新和创造等实现的。我国当前和今后一个较长时期内将面对巨大的就业压力，完全依靠政府和现有的企业将难以解决就业问题，唯一的出路就是大力倡导以创业型就业为主导的多种就业形式，并创造适宜的创业环境。学生就业困难表面上看是社会经济发展需求和产业结构不合理造成的，而实际上反映了学校教育内部的问题，高校需要在教育思想、教育方法和人才培养模式方面进行改革，提高学生创业能力、择业能力、适应能力。在计划经济时期，社会的就业岗位是一个常数，招多少人和用多少人都按计划分配；但在知识经济时代，社会的就业岗位是一个变数，只要通过开发，就会出现社会需要的新岗位，就会扩大就业人数。而开发就业岗位靠谁来完成呢？除了靠经济发展和社会需求，归根结底还要靠具有创业能力的人才的努力。所以说，开展创新创业教育具有带动社会整体发展的作用。

在知识经济时代，知识信息的创造、加工、处理、传播与应用将成为经济增长的最重要的源泉。集教学、科研和社会服务三项基本功能于一身的高校要适应时代发展的要求，发挥经济发展动力源的作用，就要提倡创新、创业精神，不再仅是产生理论家、思想家的摇篮，更要培养出具有现代经营理念的优秀创业型人才。我国高等教育当前正处于从"精英阶段"向"大众化阶段"过渡的重要历史时期。这不仅是大学门槛的简单降低，而应该是培养目标、培养模式、教学内容、教学方法等一系列教育理念的转变。随着高等教育由培养精英向大众化的转变，高等教育的重心要分层次地下移，有些学校重心可以下移到社区、下移到农村，使大部分毕业生从象牙塔中走出来，成为求真务实的劳动者。同时，高校要培养学生的创新精神和创业意识，提高学生的创业能力，使学生不满足于"打工"而要做"老板"，从"求职者"转变为"创业者——企业家"。如果大学生只会等待就业机会的来临,而不去积极地开拓事业,将会造成智力资源的浪费,会延缓高等教育大众化的进程。因为高校为社会输送的大量毕业生如果不能顺利就业,就会制约高等教育的发展,阻碍我国高等教育由精英教育向大众化教育阶段迈进的步伐。就业教育与创业教育是两种不同的培养模式,也是两种不同的教育质量观。创业教育就是要改变就业教育思维模式,使高校毕业生不仅是求职者,而且是岗位的创造者。这种以创造性就业和创造新的就业岗位为目的的创业教育,是实现我国高等教育大众化的必然选择。

当前我国的就业形势呈现出虚假的饱和状态:热门行业、沿海地区人满为患,而不景气的行业、边远地区又难以引进和留住有用之才。很多高校平时不注意培养学生的创业意识,仅在学生毕业前开展一些就业指导,并不能使学生转变就业靠政府、靠学校、靠他人的被动思想。高校必须从入学时就培养学生的创业精神,加强对学生的创业教育,变学生被动接受就业指导为教会学生自主创业、自我发展,变被动的就业观念为主动的创业观念,鼓励学生敢于创业,支持学生自我就业。值得注意的是,创业是综合技能的展示,需要一个人具有很强的运用和驾驭知识的能力,要将知识转化为生产力。大学生还必须努力学习,通过综合的技能培训,进行系统的创业训练,掌握娴熟的操作技能,才能真正适应社会发展的需求。

(2)大学生创业的未来趋势与对策思考。尽管就目前的状况而言,我国的大学生创业机制还不完善,还存在着诸多问题,但随着时间的推移,大学生自主创业必定会越来越普遍,外部环境也会越来越好;同时,随着政府支持和社会关心的进一步增强,大学生自主创业的观念也必定越来越科学,行动也将越来越理性,创业成功的机会也会越来越大。正如鲁迅所说的:"世上本没有路,走的人多了,也就成了路。"大学生创业势必将从现在的羊肠小路,转变为一条康庄大道。

①大学生创业是时代的要求。严峻的就业形势要求更多的大学生选择创业之路。就业难,这是近年来无论是社会上还是在校大学生说得最多的一句话。昔日迈进"象牙塔"的"骄子",如今变成了四处求职的"焦子"。21世纪主要的失业者将是大学生,这个预言将很快变成现实。在这种就业越来越难的背景下,自主创业已经成为大学生新的选择,已逐步成为市场洪流中一股新的力量,是潮流,是不可阻挡的一种趋势。创业不但是一种就业,而且还可以为他人创造就业岗位。第二届国际职业教育大会就明确指出,"就世界范围而言,21世纪有50%的中专生和大学生要走自主创业之路"。不远的将来,大学生自主创业将形成气候。

大学生自主创业迎合了产业发展转向"知识经济"的趋势。随着知识经济在中国的逐渐形成,经济增长对人才的需求也渐渐由过去的简单型转为复合型,由知识型转向技能型。高科技产业、第三产业和民营经济将是人才需求的增长点。但从全国经济发展的产业结构来看,包括研究与发展、教育、信息及高技术产业在内的知识产业在国民经济中的发展水平即知识产业发展仍然很低。我国知识产业发展水平只相当于美国20世纪

50 年代的水平。鼓励大学生自主创业，可以打破大学生委尊屈就的人才高消费现象，使有可能从事知识、技术产业的从业人员比例大大增加，刺激知识产业发展攀升，从而使高层次人才资源发挥较高的使用价值。因此，大学生自主创业既是社会发展的必需，也将成为越来越多的大学毕业生的选择，大学生自主创业者的队伍也必将越来越壮大。

②大学生创业必将进一步得到政府的支持和社会的关心。近几年来，政府加大了扶持大学生自主创业的工作力度，特别是 2002 年以来，连续出台了一系列的优惠政策，如国家十四部委联合下发的《关于进一步做好 2006 年高校毕业生就业有关工作的通知》等都提出要加强对大学生的创业培训和创业服务，明确表示：要把大学生创业培训纳入当地创业服务体系，提供项目开发、专家指导、小额贷款等服务，帮助他们成功创业。国务院办公厅《关于做好 2014 年全国普通高等学校毕业生就业创业工作的通知提出，2014 年至 2017 年，在全国范围内实施"大学生创业引领计划"，通过加强创业教育培训、落实创业扶持政策、强化创业公共服务，引导和帮扶更多高校毕业生自主创业，逐步提高高校毕业生创业比例。国家工商总局规定，大学生创业，一年内免交 5 种行政费用。各级地方政府也都推出了相应的政策鼓励大学生创业，并为大学生自主创业做了不少实事。如有的地方政府由财政出钱，为大学生进行免费的创业培训，对大学生的创业行动进行专项指导；同时，各地高校也举办了阶段性、局部性的创业大赛，还有计划地导入创业教育，对大学生的自主创业进行科学的指导，使大学生自主创业形成规模、形成气候。如北京大学创立了集融资服务、营销服务与管理服务于一体的 3M 创业模式，有效地促进了大学生创业；复旦大学在设立"创业学"课程的基础上，成立了创业中心，对促进大学生进行创业发挥了积极的作用；中山大学通过举办创业大赛方式，为大学生创业大赛优胜者提供场地的支持。其他高校也分别出台了相关优惠措施，有力地支持大学生创业，在缓解大学生就业压力的同时，有效地提高了科技创新水平。在大学生自主创业得到政府政策支持、资金扶助、培训指导的同时，社会各界也越来越关注大学生自主创业。大学生的家庭也越来越理解大学生自主创业。在绝大部分家长的传统观念中，孩子从小学读到大学，最关键的问题是找一个工资高、地位稳定的职业。而事实是这个社会现有的岗位是有限的，与其让自己的孩子与几个甚至几十个人争一个岗位，还不如支持他自主创业。自主创业既可以为他人创造就业机会，运作较好的话，还可以为自己带来财富，对社会、对自己、对家庭都是非常有利的。

③大学生自主创业将会更加理性。自主创业不仅是大学生成才的重要模式，更是就业的重要途径。当越来越多的人认识到这一点时，大学生自主创业已经成为非常普遍的现象，大学生的创业行动也必定更加理性。

创业之初，一些学生心中总想着比尔·盖茨、张朝阳，想着高科技，想着一夜暴富，这很不现实，也是很不理性的。这些人在选择创业方向时容易走入误区，不屑于从事服务业或技术含量低的行业，醉心于挖掘第一桶金的美梦。随着创业教育的普及和深入，大学生首先在创业方向的选择上必定会把重心下移，不是只盯着大商机、高科技，而是从实际出发，从第三产业和科技含量低的行业练兵开始。其次，在经营过程中也会更加理性。有的大学生在创业方向确定后，就匆匆忙忙开始经营，既没有目的性又没有发展规划，创业活动有着很大的随意性，这是行不通的；应该认真进行市场调查，在此基础上制订切实可行的计划，并且在企业人力资源、资金等方面科学管理，减少随意性。

近10年来，大学毕业生直接创业的人数与比例均非常低。清华大学创业中心的一项调查报告显示，我国大学生创业比例不到毕业生总数的1%，而发达国家占20%~30%。据2008年调查，广州市大学生创业率不足2%，而成功的仅为1%。大学生创业者属于知识分子人群，经过国家多年的教育培养，背负着社会的种种期望。面对大学生创业路上的种种困境，可以从以下几个方面入手：

①重视大学生创业素质的培养，使大学生注重在思想上和精神上锤炼自己，勇于创业。大学生要想成功走上创业之路，必须按照创业者素质的培养规律，重视创业素质的自我培养，注重培养自己的能力，锻炼自己的胆子，同时培养自己的创业人格、创业思维和创业意识与技能，克服中国传统教育模式下培养出的积累型、继承型，掌握的知识多，运用的知识少，胆子小、生存能力差的局限；要克服万事俱备再去创业或者自己具备全部创业条件再去创业的错误观念。如果那样，就没有人能创业，因为不可能有一个具备创业者全部特质的人。创业者素质的培养是有规律的，其成长也是有过程的，从实践中汲取经验和吸取教训是创业者成长的捷径，要树立自信、自强、自主、自立的意识。自信赋予人主动积极的人生态度和进取精神，相信自己能够成为创业的成功者，尤其在遇到失败和挫折时更需要自信。自强就是在自信的基础上，通过企业的实践，不断增长自己各方面的能力，一步步磨炼自己的意志。自主就是具有独立的人格，具有独立性思维能力，不受传统和世俗偏见的束缚，不受舆论和环境的影响，能选择自己的道路，善于设计和规划自己的未来，并采取积极的行动，凭借自己的努力和奋斗，建立起自己生活和事业的基础。

②加强大学生创业教育，培养其创业能力。大学生获得的最关键的创业知识来自所在学校。高等院校创业教育是针对创业学生所开展的系统的创业知识传授，通过创业教育提高大学生的创业意识，培育大学生的创业能力和创业精神，使大学生能够在走向社会之后，顺利实现自主创业，解决就业问题。首先，在教育体制方面，应该开展大力宣传，转变高校教师和学生的就业观念，让教师和学生都能够认识到自主创业的意义。高校创业教育要重视培养学生的创新能力、社会适应性以及冒险精神和处理不确定性风险的能力。其次，应将创业教育纳入高等院校教育必修课程体系之中，逐渐改变我国高等教育人才培养模式，通过加强高校创业教育的课程体系建设和创业理论研究来优化创业教育效果，通过创业模拟训练、案例分析以及参观调查实习和专题讲座等方式，加强高校的创业教育。最后，要不断地提升高校创业教育师资队伍素质。高校创业教育中创业教师队

伍是其中的关键力量,高等院校要逐渐建立起一支成熟的经验丰富的创业教师队伍。

③为大学生创业营造良好的社会环境。从前面的分析中可以看出,高校学生在逐步获取自身创业条件之后,要想成功开展创业行为,还需要良好的外界创业环境。首先,社会应从行动上及相关的物质上给予大学生支持。通过各方面的支持可以使创业的学生胆子更大些,行动更勇敢些。其次,在生活中应给予大学生更多的宽容与关心。当创业大学生遇到挫折与失败时,应给予其更多的关注与宽容,帮助他们分析原因,总结经验,使他们能更加坚强地去面对这一切,振作精神,重新踏上创业的路。最后,应该给予创业学生更多的政策支持,这样可以使他们能有更加宽松的环境,更加自由地挖掘自己的潜能,这在一定程度上能极大地激发大学生的创业精神与创业欲望。政府管理部门应该看到学生创业所带来的好处及其未来的趋势,通过相关法律、法规的出台来支持学生的创业活动,并提供相关的创业平台,促进大学生创业行为的开展,提升创业成功的可能性。

④通过在校创业实践,培育大学生的创新精神。首先,实践环节能使创业学生在校期间积累创业经验,是培养创业能力的有效途径,所以大学生在校期间要积极参与创业实践活动,如大学生创业大赛。其次,创业学生还可通过参与社团组织活动、创业见习、职业见习、兼职打工、求职体验、市场和社会调查等活动来接触社会、了解市场,提高自己的综合素质。再次,高校创业学生平时可多与有创业经验的亲朋好友交流,甚至还可通过电子邮件和电话拜访自己崇拜的商界人士,或向一些专业机构咨询,这些人的经验往往比从书本上学的知识更有用。通过这种人际交往途径获得最直接的创业技巧与经验,将使创业学生在创业过程中受益无穷。最后,大学生投身于真正的创业实践,在真刀真枪的创业实践中提高自己的创业能力。这些活动成为创业学生步入社会大课堂的第一步,同时,创业学生在参与实践的过程中,既为他们将来开展创业活动积累了经验,也培养了他们分析问题和解决问题的能力、组织协调能力、管理能力、应变能力、语言表达能力等,有利于增强创业学生的创业意识和创业热情,为他们提供面对各种困难的心理准备,促进创业成功。

⑤必须为大学生创业提供足够的政策和资金支持。政府应对现有的政策进行调整,形成合理的、有力度的大学生创业优惠政策。要尽量减少限制性条件,对大学生创业不能仅从解决就业的角度去看,而应该从为社会创造财富、为更多的人创造就业岗位的方面去认识。因此,创业政策应尽量减少限制、降低门槛、简化程序、方便快捷、搞好服务,用良好的创业政策催生富有发展前景的大学生创业,培育富有传奇色彩的大学生创业英雄。在资金方面,现实中最有可能为大学生提供资金支持的是政府、银行和企业。政府除了财政拨款外,还要鼓励和引导银行等金融机构拓宽担保平台和融资平台,降低大学生创业贷款的门槛。银行可以按照有利于创业者和方便创业者的原则,对于项目好、能力强、潜力大的创业者在融资担保方面进一步放宽条件。另外,社会募集也是一个有广泛拓展空间的渠道,由公司出资设立创业基金也是一个不错的选择。

大学生创业是一个复杂而艰难的过程,需要得到社会各界人士的重视和帮助。首先,大学生要不断提高自身的综合素质,在校期间应该加强文化知识、思想道德等各方面的学习和积累,为后期创业及工作做铺垫;其次,大学生创业需要得到高校的重视,高校在教学过程中应该适当增加关于大学生创业的课程,可以适当为大学生提供一个展现自己的舞台,如开办大学生创业设计竞赛活动;最后,需要创造和谐的社会环境,为大学生创业提供良好的人文和社会环境,政府和社会应该重视、鼓励、支持大学生创业。大学生创业不仅缓解了社会就业难的压力,也为大学生提供了一个展现自己综合素质的舞台,其发展方向符合我国经济社会发展的实际,理应得到重视和鼓励。

(三)建立和完善高校大学生职业生涯规划教育

在市场经济条件下,职业生涯规划可以说是大学生必需的。绝大多数人从就业准备、职业变换直到职业定位结束,都应该接受各种形式的职业培训和指导。人的价值的实现主要体现于职业生涯之中。离开职业谈事业,纯属空谈。国外的许多大学十分重视学生的职业规划,注重对学生进行心理、个性、能力等方面的测评,学校的就业工作部门参照测试结果对学生进行指导,有的学校还设有择业指导专业课,甚至还建立了学科硕士点和博士点。在德国,大学生就业指导工作贯穿对学生的职业定位和人生规划之中,以提高学生的生存能力和基本素质为根本目标。从入学前的招生咨询开始,学校就指导学生根据自己的特长、兴趣、爱好和自身素质来选择学校和专业;在学生入学后,帮助学生进行职业规划的设计和辅导,同时,注重学生就业前的实用职业能力培训和综合素质培训。遗憾的是,以职业规划为主要内容的就业指导在我国并未得到充分的尊重和开掘,即使是受过高等教育的人,在大学期间也缺乏必要的科学系统的就业指导。并没有人告诉大学生,就业对于一个人究竟意味着什么,升学与求职相对分离。学生报考大学选择专业时,并没有清晰的就业目标。很多学生毕业时仍然不知道自己愿意干什么和能干什么。如何选择职业?如何找准自己的职业定位?如何成就一番事业?这是每一位求职者必须思考和面对的问题。在选择面前每个人都需要帮助,职业规划的意义正在于此。

在我国现有的文化背景和氛围下,要顺利地开展职业生涯规划教育,政府和高校必须高度重视,加强对职业生涯规划教育的舆论宣传。政府的首要工作是要把职业生涯规划教育及其工作的开展用法的形式规定下来,形成政策或法规,使职业生涯规划教育有法可依;其次是鼓励民间机构创办职业生涯规划教育和培训机构,弥补目前高校职业生涯规划教育机构的不足;再次是利用官方媒体加大对职业生涯规划教育的宣传力度。各高校要把职业生涯规划教育作为学校的一件大事来抓,做好职业生涯规划机构的完善、课程的开设和咨询等与职业生涯规划相关的工作。高校可以通过校园网、校报、广播站、举办职业生涯规划讲座、职业生涯规划知识竞赛等方式或活动宣传职业规划的内涵、意义和作用,借助"第二课堂",利用寒暑假开展职业生涯规划实践,丰富大学生职业生涯规划的经历。

职业生涯规划应贯穿大学教育的各个阶段。大一主要是使学生加深对本专业的培养目标和就业方向的认识，增强大学生学习专业的自觉性，培养学生建立专业学习目标，并让学生初步了解将来所从事的职业，为将来制定的职业目标打下基础。由于用人单位对毕业生的需求，一般首先选择的是大学生某专业方面的特长。大学生迈入社会后的贡献，主要靠运用所学的专业知识来实现。因此，大学生对所学的专业知识要精深、广博，除了要掌握丰富的基础知识和精深的专业知识，还要拓宽专业知识面，掌握或了解与本专业相关、相近的若干专业知识和技术。大二主要是让大学生了解自己应具备的各种素质，鼓励学生通过参加各项活动，锻炼自己的各种能力，如鼓励学生参加兼职工作、社会实践活动，并要求具有持续性和长期性，最好能在课余时间后长时间从事与自己未来职业或本专业有关的工作，如教育专业的学生去做做家教，提高自己的责任感、主动性和受挫能力，增强英语口语能力和计算机应用能力，通过英语和计算机的相关证书考试，并开始有选择地辅修其他专业的知识充实自己；同时检验自己的知识技能，并要根据个人兴趣与能力修订个人的职业生涯规划设计。大三主要指导学生开始把目标锁定在提高求职技能上，培养学生独立创业能力。如可以通过大学生素质拓展活动来锻炼学生独立解决问题的能力和创造性；鼓励参加与专业有关的暑期实践工作；加强和已毕业校友的联系，交流求职工作心得体会，学习写简历、求职信，了解收集工作信息的渠道等。大四主要是指导学生对前三年的准备做一个总结：首先学生自我检验已确立的职业目标是否明确，前三年的准备是否已充分。然后，学校有针对性地进行专项指导。除了常规的就业指导课，学校还可以聘请人力资源方面的专业人士为学生介绍各行业人才要求，让学生接受择业技巧培训、参加招聘活动，在实践中校验自己的积累和准备等。最后，指导学生充分利用学校提供的条件，了解就业指导中心提供的用人公司资料信息、强化求职技巧、进行模拟面试等训练，尽可能地让学生在做出较为充分准备的情况下进行实战演练。

要指导大学生进行职业生涯规划，就必须进一步完善大学生职业生涯规划服务机构。首先，成立一批"第三者"非营利性职业生涯规划服务机构。高校政府可以通过提供优惠政策，扶持社会力量建立一批"第三者"非营利性职业生涯规划服务机构，以满足目前对大学生进行职业生涯规划教育的需要。第一，高校可以依靠社会自身的力量，开展职业生涯规划教师培训和对学生进行必要的职业生涯规划教育；第二，通过政府的资助开发职业生涯规划系统测评工具；第三，可以通过提供职业信息服务、开展职业咨询服务、进行就业市场指导等活动，为大学生职业生涯规划提供指导。

要指导大学生进行职业生涯规划，关键是要培养一批懂专业、高素质的职业生涯规划教师。一个专业的职业生涯规划教师接受培训后，应该具备以下专业素质：在职业生涯规划教育、指导方面具有较广博的职业生涯规划知识和较开阔的视野以及一定的实战经验；具有良好的知识运用能力，主要表现在学习能力和工作能力两方面，学习能力体现在能够运用所学知识进行分析总结的能力，工作能力主要体现在能够创新，能够在工作过程中不断地研究职业生涯规划的相关理论，提出新的可行性的规划方案；良好的心理素质，主要表现在具有充分的自信心、控制情绪的管理技巧、人际交往中的人格魅力以及应对压力的能力。

要指导大学生进行职业生涯规划，必须加快职业生涯规划教育课程建设。职业生涯规划教育的课程设置要体现前瞻性、确定性、开放性、针对性、实用性、实践性的特点，高校可以依托自身学科门类齐全的优势，设置包括职业生涯规划理论大学课程、实践活动课程、模拟实战课程、文化素质课程等教育课程。高校还可以尝试和企业联合开发职业生涯规划教育课程，更新创业教育的内容。一方面，可以使企业最新的成果、经验教训、管理理念进入教科书，使学生获得最前沿、最实用的职业生涯规划知识；另一方面，通过与企业开发课程，职业生涯规划教育的教师也可以得到训练，有利于教师的成长。

第六章　高校学生管理制度的创新探索

第一节　高校学生社区化管理的探索

一、高校学生社区的内涵及社区化管理产生的背景

（一）高校学生社区的概念

随着我国高校改革的进一步深入，以寝室为单位的学生社区的地位日益突出。学生社区是社区概念在学校管理中的反映，学生社区是大学生在校学习、生活、休息的基本活动场所。社会学研究表明，社区首先是一种地域上的存在，其次"它的实质是人的聚居与互动"。就第一层意思而言，社区的特点是居民的共同居住；第二层意思则表明社区具有文化功能。学生社区也是一个社区，就一所高校而言，它指这所高校的所有寝室和周边环境（学生公寓）以及这种环境所能达到的最大的育人功能。

（二）高校学生社区的内涵

与社区概念相对应，这一概念也包含两个内容：一是指区域环境；二是指文化功能。区域环境是指：一方面，学生社区是校园的区域组成之一，是校园内的地理分区，是学生的居住区；另一方面，学生社区也是学校的一个重要管理区，就社会组成结构来讲，它是组成学校管理的结构之一，学校与学生社区存在某种程度上的隶属关系。不过，在完全学分制实施的背景下，学生群体间专业、班级甚至年级的界限日益模糊。作为学生的居住区，其地位应随之上升，以满足学生以居民身份与学校以及相关社会机构进行实质性对话的要求。文化功能更多地表现为社区人文环境与居民生活的相生相融，社区成为社区居民接受文化教育的主要阵地。学生社区在文化功能上还要承担更多的责任，要确保"文化为了教育，教育为了学生"，它具有更加鲜明的目标和内容指向。高校学生社区的主要功能，就是要使学区成为高校德育工作的一个有效的有机环节。它承担的主要任务是为未来社会培养合格的社会公民，从社区角度出发，即要培养适应社区生活，与社区和谐相处的居民。一个社会的现代化归根结底是人的现代化，是人的意识和人的才能的现代化。社区作为社会构成的单元部分，它的现代化更离不开其居民即社区成员意识的现代化。因此，培养具有社会意识的现代人必然成为现代教育的任务之一。学生社区作为社区的特殊形态，同样要求其居民（以学生为主体）以社区理念处理社区事务。从这一

角度讲，学生社区承担向居住其间的不同年龄、不同性别、不同生源、不同专业的学生灌输现代社区意识，将其培养成为积极参与社区事务、能适应并完善未来居住环境的合格居民的任务。因此，学生社区更像一个准社区，就如同学校向各行业输送人才一样，它负责向未来的社区输送高层次的居民。

由此可见，区别于城市一般社区和农村社区，学生社区是附属于学校的，由定期流动的学生和相关管理人员组成的，在具备相应的物质功能同时，还应形成其相应的育人功能的一类特殊形态的社区。它不单有显而易见的区域含义，同时也具有育人的功能，即通过整个学生社区成员（主要指学生）的积极参与和依靠学生社区的创新精神来完成其育人功能。同社区一样，"学生社区"一词也有一种温暖的劝说性的意味，它是一种情感力量，让学生具有对物质环境的归属感。在同一学生社区里，不同学生的关系建立在相互依存和互惠的基础之上，这种相互依存和互惠是自愿的、理性的，是通过自主参与实现的。学生参与是学生社区存在的反映，只有通过学生参与才能使学生的多样性以及他们归属学生社区的不同方式具体表现出来。

（三）高校学生社区化管理产生的背景

第一，中国高等教育现代化和国际化发展趋势需要一种符合高校学生教育管理的新模式。为了解决高校持续扩招带来的后勤设施不足的问题，高校可借助发达国家高校后勤社会化的管理体制，或引进社会资金，或集资联建，或贷款与集资相结合，大力兴建学生公寓，并推行后勤社会化管理，较稳定、快速地解决学生的住宿、餐饮、娱乐等一系列学习、生活、文化活动设施存在的经费短缺的问题。但是社会化却带来了高校管理的"二元化"问题，即对学生的学习实行的与东西方高校均不同的传统教学行政管理，而对大学生的生活却推行了类似西方大学的社会化管理，教学计划行政管理与社会化管理事实上存在着"两个体系"。高校学生工作面临的挑战是：怎样将"行政管理"与"社会化管理"两个体系合二为一，从而达到对学生人格教育的统一。在这种新情况下，高校实行社区化管理势在必行。

第二，中国高等教育改革和发展不断深化，需要改革传统管理模式。面对高等教育的改革和发展的现实情况，尤其是高校学分制改革的逐步深化，传统的班级概念趋于淡化。以班级作为思想政治教育基本组织形式和主要工作渠道的情况正在改变，社区越来越成为大学生学习、生活的重要场所。

同时，随着高校后勤服务社会化步伐加快，学生社区的环境氛围、社区的文化设施和社区管理服务的质量以及社区管理模式，这些对传统的高校学生工作提出了新的问题。因此，高校社区化管理被提上了议事日程。高校学生社区化管理是适应高等教育改革与发展的时代要求。

第三，适应学生群体特征，加强和深化高校思想政治工作，需要一种更切合实际、更具有实效的教育管理新模式。高校学生思想政治工作者必须根据变化了的情况，及时调整工作思路，做出应对之策。面对高等教育的日趋现代化和国际化，特别是教育教学改革的不断深化，以及高校改革向纵深发展的新形势，高校学生社区管理如何坚持社会主义办学方向，如何坚持教育的宗旨不动摇，是一个值得认真研究和探索的重大实践课题。近年来，很多高校在开展党建与思想政治工作以及日常教育管理工作方面，与时俱进，不断创新，探索出了一条符合形势发展要求和高校实际的学生教育管理新路子，即高校学生社区化管理。高校学生社区化管理是加强和深化新时期高校学生思想政治工作的需要。

二、高校学生社区化管理的现状

（一）国内高校学生社区的三种类型

从 1999 年高校的扩招，到 2001 年开始在全国各地迅猛发展的大学城，大学生社区目前在我国已普遍存在。就现存的全国各地大学生社区的现状来看，目前，主要存在三类管理模式的大学生社区。

1. 跨省（市）的大学城社区

这类学生社区的特点是规模大，入区的学校多。从入区大学所在的省（市）来划分，既包括大学城所在地的大学，也包括外省（市）的大学；从入区大学的性质来划分，既包括理工大学，也包括综合性大学和专门大学；从入区的学校层次来划分，既包括研究型的本科大学，也包括专科学校和职业技术学院。这类大学城社区管理体系有待加强。

2. 同省（市）的大学城社区

这类大学城社区的特点是，规模较大，入区的高校多的有数十所，少的也有几所到十几所，入区的大学属于本省（市）的大学。如重庆市的虎溪大学城，其入住的学校就有重庆大学、重庆医科大学、重庆师范大学、四川美术学院、重庆科技学院等 11 所高校；上海市的松江大学城，入住的有复旦大学影视学院、东华大学、上海外国语大学、上海工程技术大学、上海对外贸易大学、华东政法学院、立信会计学院 7 所高校；广州市的广州大学城有中山大学、华南理工大、华南师大、广东工业大学、广州美院、星海音乐学院、广州大学、广州外国语学院、广州中医药大学、广东药学院等 10 余所高校；南京市的仙林大学城有南京师范大学、南京中医药大学、南京财经大学、南京邮电大学、南京森林公安高等专科学校等 10 余所学校；武汉市的黄家湖大学城也是一个规划占地约 40 平方千米，规模达到 20 万学生的大学城。

3. 由一所具有一定规模的大学构建的学生公寓式社区

这类学生社区的特点是：在原学生宿舍区的基础上，进行管理模式上的改革，即对原有计划经济条件下的学生宿舍式管理模式实行后勤社会化改革，实现社区式管理；随着学校规模的扩大，对新建的学生宿舍实行社区化的管理。这类由单个学校构成的公寓式学生社区目前全国也不少。以重庆为例，重庆交通大学、重庆邮电大学、重庆工商大学等，其学生公寓式社区即是这类社区。

（二）高校学生社区化管理实践

1. 单一院校学生社区管理模式

这类学生社区学生来源单一，规模相对较小，管理容易到位。因此，通过社区党总支、支部、学生党员接待室、社区团组织、社区学生会、心理咨询室等的构建，就形成了从学校党委行政到社区学生寝室的完整管理体系，使各类社区管理中容易发生的问题能得到及时、有效的解决。这类管理模式总的来说比较成功。

2. 跨省（市）大学城与同省（市）集中多所高校的大学城社区的学生管理模式

跨省（市）大学城和同省（市）集中多所高校的大学城社区的学生管理的特点是，城区规模大，学生人数多，基础设施可以得到有效利用，在生活管理上可以取得相应的效益。但与之相对应的是，正是由于学生人数多、涉及的学校多，因此，在管理上也容易出现某些漏洞，这种管理的漏洞主要是寝室管理的不规范，或者教学设施使用上的混乱。事实上，一个大学城在学生寝室的管理上是完全可以统一规范的，其教学设施也可以更好地被充分利用。这里的管理漏洞，往往更多的是指各个地区、各个学校对学生管理要求的不一致、不统一。因而，就可能出现这样的情况，有的学校管得严，有的学校管得相对松，这一严一松中，就可能出现管理信息上的不完整，问题就可能从薄弱部分反映出来。用管理学的术语来表述，就是"木桶效应"，即木桶里的水会从箍桶板中最短的一块木板处漏出来。教育部新颁布实施的《普通高等学校学生管理规定》根据宪法精神和国务院《宗教事务管理条例》第四十三条规定，"任何组织和个人不得在学校进行宗教活动"，各高校都应当坚决执行。但如何将这一规定严格认真执行则是一个管理工作者需要研究的问题。因为过去个别高校曾经出现过非法传播宗教的活动，往往是秘密进行的。如果大学生社区管理不到位，那么这种非法开展的宗教活动就可以从管理薄弱的大学生社区入手，待时机成熟之后，再扩大规模。如果那时高校管理者再来制止，就会花上更大的力气。从管理学上说，制止的成本就会更大；从政治学角度说，就会产生不良的政治影响。因此，跨省市大学城管理上需要解决的问题是如何在发挥规模效益的同时，避免由不同省（市）、不同高校在学生管理制度上的非一致性而产生的薄弱环节。

与跨省（市）大学城一样，单一省（市）大学城充分利用基础设施、扩大管理效益的优势也是明显的，但同样存在各高校间学生管理不一致的问题。这种不一致，不仅缘于各高校之间的专业特色，也缘于各高校的定位：有的是研究型大学，有的可能是教学研究型大学，有的是教学型大学，有的是综合型大学，有的是多科型大学，有的是专门的学院（如医科、工科、农业、教育等），有的是职业技术学院等。同时，还存在着不同高校对学生管理的认识不一致的情况。有的高校非常重视，可能在管理上就做得比较细；有的高校认识可能不到位，管理就有疏漏。这种管理上的不一致，将可能导致在大学生社区，一些看似不起眼的小事因信息反馈的不及时和管理的不到位而酿成工作失误，甚至造成不利于稳定的群体性突发事件。

与单一高校组成的大学城出现工作失误造成的影响不一样,跨省(市)大学城和同省(市)中由 10 余所高校组成的大规模学生社区,如果出现了失误,则所产生的影响与后果将会比规模小的单一高校大学生社区严重。因为人数达 10 万甚至 20 万的大学城,如果爆发学生群体性突发事件,则不仅会影响到这个大学生社区的教学与正常生活,同时在转型时期,由于各种矛盾凸显交织,这种事件如果处理不好,也有可能引起连锁反应,波及附近的市民与工业企业,导致社会不稳定甚至发生动乱。因此,如何加强与细化这种规模大的大学城学生社区的管理,是一个值得认真研究的重大课题。

(三)高校学生社区化管理取得的成效

实践表明,实施学生社区化管理不但可以较好地应对高校后勤社会化改革与教育教学改革给高校学生教育管理带来的新机遇、新挑战、新任务和新问题,而且可以使学生党建与思想政治工作的着力点更明确、体系更完善、育人机制更健全,对学生的教育管理成效也更明显。其主要作用表现在:

1. 能够增进各学校、各级组织与学生之间的交流和情感联系

近几年不断出现的学生与学校间的法律纠纷一度成为整个社会关心的热点问题。专家指出发生这些问题的一个很重要的原因是学生与学校之间缺乏必要的、平等的交流与沟通,因此,引发出学生、家长、社会与学校之间的诸多矛盾。而社区化管理改变了师生以前对社区化管理改革的消极认识和评价,通过政工人员和学生社区中的党团组织机构与心理咨询机构的工作,缩短了学生与组织间的空间距离和心理距离,进一步体现出思想政治教育应具备亲和力和感染力的特点,师生之间、学生与组织之间、学生与学校间的关系也更加自然和谐。

2. 服务和成才育人环境将更加优化

在以社区党总支为核心的管理体系中,综合利用好各种服务机构,加强统一指导,能为学生的成才提供一个更加完整、科学、有序的体系和空间,使社区的管理和服务更加快捷、完备。社区化管理可以科学整合各种资源,增强教育管理合力,在社区管理体制下诞生各种健全、富有活力的社团组织,为社区创造了丰富多彩的科技文化氛围,为学生素质的拓展提供了更加立体的空间,对学生个体知识结构的完善、个性的培养和素质的拓展发挥了积极作用。从管理和经营角度提出社区的统一管理思想和教育理念,为学生的成才和教育机构的育人提供了更加优化的内外环境,能够有效保证高校连续扩招后教育管理质量和学生素质的稳步提高。

3. 更加有利于贯彻"以人为本"的管理理念,更加优化育人效果

社区化管理营造出了以人文素质、健康成才教育等为主要内容的德育氛围。在这个氛围中,学生真正成了学校服务的对象和主体,学校自始至终坚持把学生的成才放在第一位。如果要在整个教育过程中真正地贯穿这一主旨,就必须为学生的成长与发展提供

良好的物质条件，在此基础上创造良好的"求知、求真"的学术氛围，营造出一种以人文素质、健康成才教育等为主要内容的道德文化育人氛围，给予学生一种积极的引导，使学生在良性的德育氛围的感染、熏陶下主动去锻炼、提高自己，最终培养学生形成良好的生存适应能力。

三、高校学生社区化管理的理性思考

（一）高校学生社区化管理面临着机遇和挑战

全面实施学生社区化管理已经迈出了我国高校学生思想政治工作中具有代表意义的一步。国内各高校先后进行的各种形式的理论研讨和实践探索，解决了部分理论和操作问题。但是，全国高校地域分布广，地域和办学特色不一，教育环境和教育条件参差不齐等因素决定了任何一种管理模式的完善都要经历一定的过程。社区化管理在实践探索过程中仍存在许多具体挑战，表现在以下几个方面：

第一，内部机构关系和运作方式尚欠科学和完善，需要构建并处理好教育、教学、招生就业三大平台之间的关系，需要进一步处理好教学管理与教育管理、社会化服务管理与教育教学管理之间的关系，需要科学分析和分配学生教育管理平台内部机构间的权重等。

第二，对实施学生社区化管理的后继问题重视程度和研究不够，前瞻性理论探索较少。例如，随着改革的进一步深化，政治、经济、社会、文化、教育等诸多方面将会出现许多新的变化，学生社区的管理如何适应这些变化？对这样的问题就缺乏研究。

第三，亟须提升学生社区的价值，即使学生社区在学校机构设置、运行体制、社会效益、育人过程中体现出更大的效度和影响力。

第四，在跨省（市）大学城和同省（市）多所大学集聚的大学城，存在着学生社区管理不统一的问题。由此可能导致一些不稳定因素在管理的薄弱环节滋生，有可能酝酿成影响全局稳定的因素。

（二）优化高校学生社区化管理的对策

高校学生社区化管理无论是作为高校适应社会发展还是内部区域管理，抑或对学生进行方向性教育的过程之一，都有着十分重要的现实意义，应如何在现有的基础之上展开这方面的建设呢？

第一，借鉴国内外高校学生教育管理模式，不断加强实践探索和理论创新。传统的学生工作观念一直轻视寝室的育人功能，将寝室当作完全的物化性存在，因而，在实际工作中只重视学生对生活环境的维护与保持，没有自觉地发挥学生寝室作为学校育人工作环境之一的应有作用。同时，由于工作视角单纯停留于单个寝室，而未能将以寝室为单位组成的学生社区纳入视野，高校学生工作者也很少注意学生社区育人功能的发挥。再

者,如前文所说,学生社区不仅有区域概念,同时也具有育人功能,然而由于这一功能的隐性特征,高校学生工作者未能加以准确地把握。以上种种观念误区导致高校学生工作者未能对其认真地思考学生社区的作用,自然不会进一步去考虑如何建设好学生社区了。

在高校,学生的专业教育一般由各个教学系(院)来完成,学生的思想政治工作则由学校和学院具体的学生工作机构来完成,学生的物质生活需求由后勤部门来满足,而对学生进行未来生活训练,培养其成为遵守社区规范,具备相应社区意识的文明公民的教育任务却没有一个成形的组织来承担。这无疑是大学教育的一个疏漏。从这个角度讲,建立大学生社区,完善学生社区管理是完善高校育人职能,优化高校育人环境的必要举措,是当前高校学生工作迫切需要解决的问题之一。只有意识到了这一点,自觉地将学生社区建设纳入学生管理工作中去,并给予其应有的地位,学生社区培养社区现代公民的育人功能才有实现的可能。因此,要加强理论建设和创新就一定要贯彻开放办教育的理念,不断地增强学习意识与开放观念,不断加强理论建设。高校学生社区化管理需要改革者拥有开放观念和博大胸怀,通过不断比较发现差距,在社区化管理的过程中自觉主动地探索理论,积极准备改革所需的条件。应提倡各高校之间的交流与合作,互促互进,在实践中不断积累宝贵经验;应夯实理论基础,加强理论建设创新,为高校学生社区化管理向纵深发展而共同努力。

第二,完善运行体系、解决机制问题是社区化管理的关键。机制是不可或缺的软件,建设好学生社区需完善三大机制,即学生社区运行机制、学生社区志愿者参与机制和学生社区的内部激励机制。

学生社区的运行机制是学生社区得以正常运转的前提。运用学生社区公共设施和相关权力,以满足服务需求为目标,不断地提高服务质量,保持服务的功能成本,长期维持服务的再生产,这种周期性的进程状态即是学生社区的运行机制。这一机制本身说明了学生社区组织的非营利性,或者说非营利性是学生社区行为的特征之一,是学生社区自我服务、自我调节功能的体现。不断地实现这一机制良性运转的关键是服务质量,服务质量同样也是确立学生社区形象的基础,是学生社区存在必要性的证明。

学生社区的志愿者参与机制是培育学生社区人文生态环境的深层次社会文化问题。在西方发达国家,社区的志愿行为是社区存在的基石。在学生社区中建立一支具备一定数量和质量的志愿者队伍不仅是一种管理现象,更是一种文化现象。事实上,志愿者本身即是社区意识的内在有机组成部分,是社区成员积极参与社区事务的显性表现。在学生社区中,志愿者的行为是建立一个以人为本、文明互助、共同参与的和谐学生社区的重要途径。

学生社区的内部激励机制是学生社区凝聚人心、发挥作用的保证。学生社区的非营利性能否像企业一样产生关注效率的动力呢?这是一个复杂的问题。其一,非营利性组织的动力主要在于获得居民的满意和社会的认可，这是一种深层次的心理需求。市场经济导致人们为利而动，在这种情况下，为他人和社区努力工作的人尤其会得到他人和社会的尊重。其二，个人运用社区职能通过解决社区矛盾进而解决个人问题，是弥补个体力量薄弱无法对抗集团侵害的有效途径。一个发育良好的学生社区环境通过事务公开化、透明化，将工作者的各种努力、困难、成绩和失误显现出来，靠来自外部的反应去推动自己努力改进工作，从他人眼中看到自己的状态从而调整自己的行为，进而完善自我，即学区的内部激励机制。

第三，教育管理结构和"管""教"关系的调整和平衡。学生社区建设是一项系统工程，必然需要对原有学生社区管理结构进行调整，科学处理教育和管理的职责权关系。首先必须结合高校实际对原有学生工作进行结构性调整，并建立健全相应的规章制度高校要从根本上解决这些问题，还需要处理好管理载体、教育平台、育人方式等全方位的问题，头绪纷繁芜杂，加之无成形的经验可借鉴，面临的问题和难度都还较大。以结构调整作为切入点，是一个比较可行的思路。要处理好以下几个关系：

一是各级学生社区与社区总管理委员会之间的纵向关系。各学生社区管理委员会在人事安排上是一致的，都是根据三大职能安排负责人。学生社区总管理委员会由专职政工组成，负责相关政策制定、处理学生社区与校内外各社会机构关系、领导学生社区等工作。各分委的工作重点落实在学院一级，各学院管理委员会依托学生专业而保持相互之间的独立性，同时，与总管委保持一致性。各支委是学区管理的基层组织，直接与楼层和寝室发生联系，同时也可在力所能及的范围内与相关单位交涉学区事务，因此也应具备相对的独立自主能力。

二是校学工部门、团委与学生社区总管理委员会的关系。学生社区总管理委员会是校学工部的职能部门之一，是学生社区管理中最具有实权的管理层次，尤其在实现学生社区的维权功能方面，其作用更加明显。学生社区主要通过总管委实现与相关部门的平等对话，解决实际问题。团委介入学生社区管理主要体现在对学生社区成员的思想教育与严格管理方面。各学院的学生工作办公室的主要负责人一般也是学院的团总支书记，因此，共青团这条线的介入有利于加速形成一支由各院（系）团总支专职干部、各学生辅导员组成的宿舍思想教育、纪律管理、寝室内务管理队伍，有利于各项活动的协调，保证宿舍后勤管理的顺利开展。同时，团委是学生思想政治工作与校园文化工作的主角之一，团组织又直接指导各级学生会组织，有利于将寝室文化活动纳入整个校园文化建设中去综合考虑，从而引导寝室文化向高层次发展。

三是校学工部门与学生社区的关系。对于单一高校组成的学生社区而言，这层关系可以体现某种专业特色。以专业安排学生寝室的高校，可使整片宿舍区基本上也成为一片专业区，很多基层工作需要这一层面来组织和解决。高校学生工作部可以通过本校学生会来协调与支委的关系，这其实也是将基层学生工作重心由班级向寝室转移的一种方式，从而使学区成为校园内各项学生活动展开的活跃区域之一。对于多所高校组成的大学城而言，这种关系还必须增加一层关系，即各学校学生部门与大学城管理委员会之间的协调关系，各类管理工作与活动除了考虑本校的相关特色，还应与大学城管理委员会协调，通过管理委员会与大学城内其他高校协调，使其活动或管理产生更大的规模效应。

四是根据学生社区职能，设立相应的管理机构。从人事角度处理，在大学城管理总委员会、分委、支委上各自安排人员以执行这三大职能。学生社区管理支委设学生社区区长一名、副区长一名、志愿者队长一名，也可根据实际情况适当增加管理人员数量，从而形成以学生社区区长、志愿者队长、楼长、寝室长为主的学生社区管理基层机构。校院级学生社区管理机构可在原有学生寝室管理机构（例如，寝管会）的基础上合理增加或加强学生社区的相应职能（例如，学生权利维护等）。这种管理方式并未对原有的学生管理结构做大幅度的调整，从而使其更具有现实的可行性。学校、学院、楼层（或公寓）三级管理有助于发挥三者的不同优势，校学工部、院学工办和院学生会的介入使学区工作顺利地纳入原有学生工作轨道，从而保证原有学生工作的连续性，方便学校相关部门对学区工作进行帮扶指导。当然。这种管理布局也不是适合所有院校，对于学分制下学生打破专业界线随机生成寝室成员的高校，这种方式便不适用了。对此，还有一种更加彻底的解决办法，即在学生会组织直接设立在各个学区之上，由校学区管理委员会和校团委直接指导各个学生社区的工作。

五是制度和机构设置要同步。为使学生社区工作顺利开展，必须制定诸如《学生社区居民公约》《学生寝室管理条例》《学生社区安全保卫制度》《干部教师联系学生社区制度》等相关制度。从目前学生工作的状态来看，能否保障学生社区管理委员会具有相应的学区管理权利，能否保障学生作为学区居民与学校、后勤等部门具有平等对话的权利以及能否保障学生通过民主渠道参与学区乃至学校相关事务是影响学区生命力的决定性因素。

六是细化管理规章，解决管理的薄弱环节。这对于多所学校组成的大学城管理尤为重要。一定要通过管理规章的细化与统一，解决不同学校在管理上的疏漏，杜绝利用不同学校管理体制上的疏漏而达到使某种不合理现象得以生存、发展以致酿成大事故的现象发生。

现阶段，各地的学生社区建设面临许多新问题：学生社区规划问题，党的组织问题，学生社团活动如何与学区管理结合，学区矛盾与纠纷是否应用法律手段解决等，这些问题都会现实地摆在高校学生工作者面前。但是，实行学区管理是符合高校教育规律的，它体现了思想政治教育与规律工作相结合，融于学生具体生活实践的德育原则，提高了学生工作的规律层次，有利于学生自立、自主、自强意识的培养，有利于为社会培养具有现代人文意识、现代生活观念的社会主义新型公民。

四、准确把握高校学生社区化管理的发展方向

随着高校社会化改革的不断深入，高校学生社区化管理应该向哪些方面发展是目前需要讨论的重点问题。学生社区应该成为培养德、智、体全面发展的"四有"人才及"管理育人、服务育人"的重要阵地，应该是影响大学生成长、成才的重要环境和学校精神文明建设的窗口。因此，高校学生社区化管理应该成为高校改革的重点。有些传统的管理模式已不能适应高校的发展，学生社区化管理势在必行。从高校社区化管理的发展方向看，不断地完善学生社区的教育管理机制，积极探索学生社区管理的新思路、新办法，建立与传统的班级管理模式差距较大的新型大学生社区管理模式是今后发展的方向。

（一）智能化管理方向

管理智能化，就是借助信息技术手段，建设学生生活网络和社区管理服务网络，用计算机等现代科学技术进行科学的管理和服务，体现高效管理，实施高效服务。学生社区管理委员会可以将几幢学生宿舍形成的社区实行联网管理，学生进出公寓进行红外刷卡管理，减少管理人员，杜绝外来人员的进入；对社区内部的床位、电费、水费管理等都采用智能化管理系统；在此基础上增设学生社区网络论坛、公寓管理员信箱，以住宿信息、电话号码、火车时刻、住宿费、超额水电费、卫生考评等网络查询功能，将现实世界、书本世界和虚拟世界有机结合，通过网络服务平台为学生提供更加方便、快捷的生活网络服务。

学生社区的智能化管理就是建立智能社区，进行各方面的管理，促使管理模式的合理化、管理方法的科学化。智能化社区的建立，对学生公寓的安全管理，尤其将学生进出、消防报警、用电负载识别等上升到一个全新的层面。广泛运用计算机平台的自动化技术和智能化技术开展这些工作，可以大大地提高管理效率、准确性、可靠性和安全性，还可以解决许多单靠人力不能解决的问题。通过实时微机管理，可以随时了解入住学生的基本情况和日常动态，形成服务方与学生之间的双向联系，形成社区管理信息的流通，推进管理科学化、智能化的进程。

（二）人性化管理趋势

人性化管理源自企业管理范畴，是指以情服人来提高管理效率。通俗地讲，人性化管理的实质就在于充分尊重被管理者的自由和创造才能，从而使得被管理者愿意怀着满意或者是满足的心态以最佳的精神状态全身心地投入工作中，进而直接提高管理效率。人性化的管理是情、理、法并重的管理，而不是放任管理。这种管理精神对高校的学生社区化管理同样适用。

人性化管理的核心是以人为本，充分相信学生的自我管理能力，尊重学生的权益，鼓励学生的自主和创新，不能把学生当作没有思想甚至没有自主能力的群体。高校学生社区化管理要实现人性化，管理者首先要看到每个学生身上的闪光点和个性，以亲和的态度去了解他们，关心他们，教育他们，进而管理他们。比如，可以推进高校干部进入学生

社区。学校选派优秀的学生工作干部进驻学生社区，与学生同吃、同住、同生活，社区教师经常深入寝室，了解学生的生活状况和思想动态，帮助学生解决实际困难，把解决学生的思想问题与解决实际问题密切结合起来。政工干部进社区，对转变政工干部的观念和学生的认识，加强学生与辅导员之间的沟通，拉近与学生的距离具有实效，能够真正做到使思想政治教育工作贴近学生学习、贴近学生生活、贴近学生心理，确保思想政治工作的有效开展。同时，社区管理者以身作则，也可以提高管理者的人格魅力。

人性化管理将对教育管理者提出更高的要求。管理者要放下以上令下的特权，抛弃先入为主的视角，重新审视师生关系，科学处理制度与人的作用间的关系。人性化管理拒绝以制度和惩罚措施"吓人"，管理者要以自身的人格魅力去教育人、去说服人，构建一种深层次的管理者与被管理者间的和谐关系。具体来说，学生工作部门和具体执行者要严格要求自己，做到制度制定的合理性、科学性和可操作性，制度执行的一致性和公平性，以及针对特定情况的灵活性。在接触到具体管理对象的时候，管理者要以人性的关怀和理解为管理动力，寻求二者间的良性互动，从而达到满足思想政治工作需要的效果。

（三）转变服务观念，构建服务型社区

所谓服务型社区，就是在几个公寓形成的智能小区内建立新型的现代化的学生社区，为学生提供社会化的服务经营管理，并且成为社区的主要管理内容。学生生活社区是学生的生活区域，按照学生社区的管理模式，采用社区化的管理服务办法，着重在为学生提供优质服务上下功夫，形成新型的服务型学生社区。新型的学生社区建立后，富余出来的管理人员全部投入学生社区中，为学生提供全方位的服务。在社区内设立各类服务网点，设立小型的超市、书店、洗衣间等配套服务设施，使学生在社区内部就可以获得多种服务。在社区的网点内设立学生勤工助学点，为学生提供社会实践机会。

学生社区建立的同时，要有基本的学习生活设施，要健全社区生活指南，以各种文体活动为载体，加强学生社区的文化建设，全面推进学生素质的发展。在学生宿舍内外建造和张贴由学生自己设计、制作的各类人文景观及人生格言、警句、艺术作品等。在学生社区内设立学生阅览室、广播台、宣传橱窗、文体活动中心及由学生参与勤工俭学的超市、书报亭等勤工助学基地。还可以在各社区内举办各种学生自编、自导、自演的大型文艺晚会、音乐会，主办篮球赛、演讲比赛、寝室设计大赛等丰富多彩的文化娱乐活动，寓教于乐。这些活动的开展，能够提高社区的文化氛围，提升学生的综合素质，使得学生社区不仅成为学生学习的园地、生活的社区，还成为开展思想政治工作和培养学生成才的坚实阵地。

第二节　高校学生社会实践规范化管理创新

一、大学生社会实践的重要意义

（一）大学生社会实践的含义

高等学校对人才的培养途径是多种多样的，正确引导学生参加社会实践就是其中重要的一种。在早期的大学里，人才的培养主要是通过教师在课堂上系统地传授理论知识来达到的。随着社会生产力的不断提高和发展，对教育和人才培养也提出了新的目标，这种仅仅靠传授理论知识的方式已渐渐显得不适应。因为，现代化的生产过程不仅要求人才掌握大量的理论知识，而且还应该具有较强的动手能力和创造能力，具有科学的社会观和责任感，具有较高的道德素质和心理素质，这些方面仅仅靠课堂教学是难以完成的。所以，现代工业产生后，社会实践就作为一种重要的教育方式被引进大学的教育过程，其重要作用日益引起人们尤其是教育工作者的重视。

大学生社会实践是一种以实践的方式实现高等教育目标的教育形式，是高等学校学生有目的、有计划地深入现实社会，参与具体的生产劳动和社会生活，以了解社会、增长知识技能、养成正确的社会意识和人生观的活动过程。大学生社会实践是高等学校教育活动的重要环节，与课堂教育相辅相成，共同完成高校的人才培养任务，实现学生的全面发展。

（二）大学生社会实践的重要意义

1. 是大学生树立科学世界观的需要

世界观是人们对世界的一般看法和根本观点。任何正常的人在其生活的过程中都会形成自己的世界观，但由于个人生活环境、所受的教育和影响不同，人的世界观也有很大差异。总的来说，世界观有正确和错误之分，而将正确的世界观理论化、系统化就成为科学的世界观。怎样保证大学生形成正确的世界观并使之科学化呢？主要靠两个方面的努力：一是大学生要经常与社会接触，不断突破事物的表面现象，深入事物的本质，从而不断校正原来从现象上获得的肤浅的或错误的认识，使自己的认识符合事物的本质及规律；二是要对大学生进行系统的思维训练，通过学习前人正确的世界观理论，了解人们在世界观上容易走上歧途的种种可能，让大学生对自己的世界观进行经常的反思，并不断地充实新的科学的内容。因而，社会实践对大学生树立科学世界观很有必要。

（1）参加社会实践活动是大学生确立唯物主义历史观的需要。大学生正处于青年时代，可塑性很强，这一阶段是大学生世界观、社会历史观形成的关键阶段。大学生系统的专业知识学习和思维训练，对于其形成唯物主义历史观固然是大有帮助的。但就目前情况看，在校大学生年龄普遍较小、接触社会的机会不多、社会经验不足，大部分同学对社会的看法简单化、片面化、理想化，这对大学生形成正确的历史观十分不利。克服这一不利的根本途径就是让大学生走出校门，深入社会生活，在社会实践中了解社会，从实践中发现真理，在实践中发展真理。这样，才能使他们的历史观与现实生活相符合。

当然，大学生在社会实践中接触的都是具体的社会事物，不可能通过一两次实践就改变自己对社会历史的看法。不过，处在形成过程中的大学生的历史观是容易发生变化的，一旦接触了较多的社会事物，加之正确的引导，就会使他们的历史观发生转变。我们知道，从政治理论课上学习历史唯物论只能学到"知识"，而要使知识转化为信念，使所学的理论真正转化为学生的历史观，必须通过社会实践。

（2）参加社会实践活动是树立科学的人生价值观的需要。正如马克思主义哲学原理教科书中所指出的："共产主义世界观和人生观又不是仅仅在书斋里、课堂上所能完全树立起来的，还要在生活实践中经受各种锤炼。"马克思、恩格斯的人生观转变不是在课堂上，而是在社会实践中。刘胡兰、王进喜、郑培民、任长霞等英雄人物的人生观也不是仅从书本上学到的，当代大学生的人生观形成也是如此。通过开展大学生社会实践活动，可以发现社会实践活动对大学生形成科学人生观至少有如下的作用：首先，它可以帮助大学生摒除理想中不符合实际的因素，使大学生正确对待个人与社会的关系，培养踏踏实实的工作作风；其次，它可以帮助大学生树立坚强的意志，培养无私奉献的精神；最后，它可以帮助大学生接近群众、深入群众，为走与群众相结合的道路打下良好的基础。

（3）参加社会实践活动是培养社会主义信仰的需要。大学生在不久的将来就会踏上工作岗位，成为祖国的栋梁之材，肩负起全面建成小康社会和实现中华民族伟大复兴的历史使命。因此，在当今西方敌对势力加紧实施"和平演变"的新形势下，培养大学生的社会主义信仰是大学生思想政治教育的首要任务。大学生对社会主义的感情仅靠读书是得不到的，必须在对社会主义给中国带来的巨大变化、给广大人民带来的实惠中亲身感受和体验。

2. 是提高大学生能力的需要

当代大学生在一定程度上存在着眼高手低、忽视社会实践、脱离群众、动手能力弱等不足，而积极踊跃地参加社会实践活动有利于弥补大学生的这些不足。当代大学生绝大多数是在学校的围墙中长大的，而且越来越"小龄化"，大多走的是从小学到中学再跨入大学的升学之路，从而造成他们的社会阅历浅、社会经验少、实践经验匮乏等弱点。受片面追求升学率的思想影响，许多学生只注意书本，不注意社会实践，"高分低能"的状况比较严重。这严重影响了他们在各项建设事业中发挥作用，延缓了他们成才的进程。怎样才能缩短这一距离呢？实践是唯一桥梁。只有通过实践活动，才能使书本知识与实践操作合二为一。事实证明，通过开展社会调查、科技咨询、信息服务、义务劳动等社会实践活动，不仅可以使大学生的智力资源得到直接的、有效的开发，达到分数与能力的统一，书本知识与实践的结合，还可以使个性不同的学生通过实践活动各获所求、各取所需，"缺什么，补什么"，从而有效地完善了现行的教学方法，弥补了大学生自身的弱点和不足。

3. 是知识分子与工农群众相结合的需要

回顾历史，凡是有所作为、有所创造的青年和知识分子无不投入轰轰烈烈的社会实践中。许许多多的政治家、经济学家、教育家、军事家、文学家等都是在社会实践活动中茁壮成长起来的。他们在实践中身体力行，为大学生提供了光辉的典范。可以断言，如果列宁同志、毛泽东同志不深入工农群众，不投入革命实践，他们就不会创新马克思主义，使无产阶级革命首先在资本主义统治薄弱的国家取得胜利，也不可能在半封建半殖民地国家取得新民主主义革命的胜利。所以，只有广泛、深入参加社会实践活动，与广大工农群众相结合，才是大学生健康成长之路。

4. 是全面建成小康社会、实现社会主义现代化建设的需要

当代的大学生将成为 21 世纪初期我国社会主义现代化建设的骨干力量，按照党中央制定的"十一五"规划和到 2020 年的奋斗目标，我们国家的社会主义建设任重而道远。大学生参加社会实践，可以在社会主义物质文明、精神文明、政治文明建设中大显身手，在专业知识社会实践和树文明新风的社会实践中促进经济、政治、文化的平衡发展，从而为全面建成小康社会起到积极的推动作用。

5. 是大学生社会化的需要

社会化是指个人与社会生活不断调适，使个人由"自然人"发展为"社会人"的过程。大学生正处于社会化的最后阶段，显然，在许多方面已趋向成熟，但为了适应社会生活，仍须进一步学习。社会实践可以增强大学生的社会责任感。很多高校组织学生到基层开展社会实践活动，使大学生提高了对改革的复杂性、艰巨性的认识，增强了他们的社会责任感。在社会实践中，越来越多的大学生认识到，社会需要的不是冷漠的旁观者，也不是抱有同情心的捧场者，而是需要热情的、直接参加这项伟大建设工程的人。通过社会实践，许多大学生克服了原来自视清高的习气，自觉并充满激情地投入学习、生活和工作中。社会实践可以推进大学生实现社会角色转变。社会实践活动能够帮助大学生找到自己和社会需求之间的差距，看到自身知识和素质上的缺陷，启发大学生对自己进行重新认识和正确估价，促使大学生从过去的"唯我独尊"的幻想中回到现实，重新确立自我价值实现的基点，在纷繁复杂的社会中找到个人与社会的最佳结合点。社会实践可以促使大学生与长辈沟通代际关系。由于当前一些大学生图安逸、怕吃苦、自视清高，认为他们的父辈过于保守、正统，两代人之间形成了一层无形的隔膜。究其原因，主要在于这些大学生缺少对他们父辈的了解，他们看不起父辈的思维方法和生活方式。在社会实践中，大学生以普通劳动者的身份直接参加社会财富的创造活动，培养了他们尊重劳动成果、尊重父辈的思想感情。总之，在社会实践中，两代人可以相互沟通和相互理解，消除对对方的偏见，进而有效地促进两代人之间有机结合。

二、大学生社会实践的发展趋势

（一）实践活动的社会化

大学生社会实践活动，作为教育活动的主要形式之一，具有三个基本的构成要素，即实践活动组织者、实践活动本体和实践活动主体。因而，实践活动的社会化也由这三个构成要素的社会化来组成。而这三个构成要素的社会化则分别有其不同的含义。实践组织者的社会化，是指动员全社会的力量来关心、组织大学生的社会实践活动，这是实践活动社会化的基本条件；实践本体的社会化，是指具体实践活动过程的内容和形式，必须以社会需要和社会所提供的条件为基础，这是实践活动社会化的重要途径；实践主体的社会化，是指通过实践活动，把社会的价值体系内化为实践参加者（大学生）的价值体系，使之成为高度合格的社会成员，这是实践活动社会化的根本目的。由此可见，实践活动的社会化，就是指动员全社会的力量，组织以社会需要和社会所提供的条件为基础的实践活动，达到把大学生培养成为高度合格的社会成员的目的。

1. 实践活动组织者的社会化

从近年大学生社会实践的实际情况来看，社会实践活动凡是得到社会各界支持的，一般都取得了较好的成绩。但从发展的角度来看，当前社会实践活动社会化的程度还远远适应不了进一步发展社会实践活动的要求。社会实践活动的深入开展必然会出现人数多、空间广、时间长、效率高、内容实的特征，而这些特征的出现必然依赖于社会各方更多的支持。

首先，实践活动必须得到党和政府的支持。党和政府对人才的培养具有不可推卸的责任，且在人才培养方面占据重要地位。大学生的社会实践活动，作为国家培养高层次人才的重要环节，必定会受到党和政府的关心和支持。其次，实践活动必须得到高校自身的支持。高校作为教育培养大学生的责任承担者，具有最直接组织学生社会实践活动的优势，而组织学生社会实践活动，又是高校完成人才培养任务的重要手段。高校在组织大学生社会实践的过程中，应积极地起到主导作用。最后，实践活动必须取得社会团体和企事业单位的支持。通过社会团体来支持社会实践活动，才能调动更多的人来支持实践活动。企事业单位作为大学生未来的工作场所，具有作为社会实践活动基地的现实意义，而实践活动在企事业单位开展，又必须有企事业单位提供的种种便利条件。

2. 实践活动本体的社会化

实践活动本体是大学生有目的地与外界不断发展的现状发生联系，并与外界相互作用的具体实践过程。这一过程是大学生不断强化自身本质力量，促进自身全方位社会化的重要途径。实践活动本体的社会化，正是指这一过程的内容和形式，必须以社会的需要和社会所提供的条件为基础。实践活动本体的社会化，应建立围绕教学的实践与其他方面的实践有机结合的理想目标模式。

围绕教学的实践主要包括教学实验和教学实习等。这是一种配合课堂教学而进行的实践活动，它直接与学生所学知识以及其自身具备的能力发生联系，是初级阶段运用最多、群众性最强的实践活动，也是学生进行其他方面高层次实验的能力准备环节。高校不应当过分追求其他方面的实践而忽视教学实验和教学实习。其他方面的实践包括社会考察、社会服务、勤工助学等。这是间接地与学生所学知识和自身具备的能力发生联系，也是学生围绕教学进行实践的成果检验。这些方面实践的主要形式有社会调研、参观访问、旅游观光、技术培训、咨询服务、社会宣传、科技开发、挂职锻炼等。由于这些方面的实践和社会联系得更紧密，一般较受学生的欢迎，但必须注意使其在时间、资金、人力上与围绕教学的实践互不干扰，在学校统一布置的基础上使两者达到和谐的统一。

3. 实践活动主体的社会化

实践活动主体的社会化，实际上要完成的是大学生社会化的加速，是要将大学生培养成为高素质的社会成员，是要通过社会实践使大学生更快地在社会中汲取社会经验和获得社会信息，并通过各方面的自我调适，增强自身的能力和素质，完成自身全方位的社会化。而促进实践主体的社会化，必须注意以下几个方面：

第一，实践主体自身系统应具有开放性。开放性系统要求大学生不能在自我封闭的状态下自我满足，而是必须与自身周围的实践环境进行物质、能量和信息的交换，并依靠这种交换保证自身由不稳定向相对稳定过渡。而这种开放性不仅要求大学生具有"当今天下，舍我其谁"的高度责任感，而且要求大学生必须具备敏锐的对外界事物接收、分析、处理和运用的能力，从而使自己在实践中不断得到发展和提高。

第二，实践主体应不断进行自身角色的调适。我们知道，大学生的实践角色与其社会期望角色之间，总有一定的角色差距。而大学生在实践过程中，由于自身是一个开放系统，就能够认识到这种差距并调整自己的学习和实践，从而使自己的角色得以实现，使自己大学阶段社会实践中的社会化任务得以完成。

第三，实践主体应促成自身个性的形成。个性化是社会化的一个高层次组成部分，社会化中如果没有个性化的存在，就会变成统一化和模式化，就只能造就墨守成规、死读书本的大学生，就会使人失去改造社会的生机和活力，失去创造性和开拓性。因此，大学生在社会实践中，应勇于思考、敢于发现、认真锻炼，促进自身个性的形成。

（二）实践制度的规范化

实践制度规范化的目的，是使社会实践活动做到有章可循、有据可依，保证社会实践活动持续、有效地开展。它的标志是富有权威、系统全面、切实可行并具有自我发展机制的实践制度体系的建立。

1. 实践制度的规范化是社会实践活动发展的必然趋势

人的思想认识不能代替规章制度，没有完善的、系统的规章制度，不注意实践制度的规范化，只凭各级实践组织者的临时决策组织实践活动，如果决策正确，则可促进实践成果的取得；如果决策失误，则往往会阻碍实践的深入。因此，要保证社会实践持续、稳定地发展，必须改变人治局面，完善实践制度。当前加强实践制度的规范化工作不仅非常迫切，而且非常必要。首先，加强实践制度的规范化工作，有利于促使全社会的力量来共同关心、组织大学生社会实践活动，形成全社会组织大学生社会实践活动的强大"合力"；其次，加强实践制度的规范化工作有利于实践组织的科学化。

由于现实的实践基础已经存在，加强实践制度的规范化工作成为可能。当前，各级党政群团组织、各个高校已开始了社会实践工作，不少企业也为实践活动的开展提供了资金、基地和其他各种方便，且近年来已制定了一些关于社会实践活动的规章制度，这些有利因素为强化实践制度的规范化奠定了较为坚实的基础。

2. 实践制度的规范化要求各级实践组织者必须制定出正确的实践制度

实践制度的规范化，绝不是各种实践制度的单独罗列，也不是各种实践制度的简单相加，而是要在各级实践组织者协同的基础上建立科学的实践制度体系。这个体系首先要求各级实践组织者正确地制定制度。其次，要求制定的各种实践制度相互衔接，对于衔接不紧密的地方，应及时加以调整。

（1）党和政府对实践制度的正确制定。在实践制度的制定方面，党和政府必须起到宏观统一管理制度制定的作用。首先，要着眼于建立统一机构，实行统一规划、统一决策、统一目标、统一评价，促成社会实践活动的统一性、系统性、整体性、持续性，充分发挥社会各界的力量，保证社会实践发展的正确方向；同时，党和政府作为核心的组织者，要协调各个单位部门之间的关系，激发各个单位部门的责任感和积极性。

（2）高校对实践制度的正确制定。在高校，大部分社会实践活动是由思想政治工作部门（如学生处、团委、学生会）来组织实施的。由于学校、社会的各种因素的影响，社会实践活动主要利用假期进行，由于缺乏制度和支援保障，严重制约了大学生社会实践活动的深化。为改变这种状况，就必须加强高校大学生社会实践中的制度化建设。首先，高校应将社会实践活动纳入学校教育、管理工作的体系中去，由相关职能部门组织落实；其次，将学生社会实践活动的表现以及成绩作为全面考核大学生素质的重要内容；最后，要建立相应的制度，保证教师组织参与社会实践的积极性。

（3）社会团体和企事业单位对实践制度的正确制定。在众多支持社会实践活动的社会团体（如工会、共青团、青联、学联）中，共青团起着众所周知的主导作用。在制定制度的过程中，团组织要通过量的指标确立各级团组织的组织实践任务，并通过对岗位职责的定期考核和将考核结果作为团组织的工作评价内容，来激发各级团组织和团干部组织实践活动的责任感和积极性。

（4）各级实践组织者对实践制度的共同协调。大学生社会实践活动作为系统工程，要求各级实践组织者制定的实践制度必须协调一致，对于不能衔接的地方应予以调整。各级实践组织者必须注意认真学习实践组织核心即党和政府所制定的实践制度，在了解统一规划、统一决策、统一目标的基础上，制定自己的实践制度，同时加强各方的沟通和联系。

3. 实践制度规范化的标志是实践制度体系的建立

在各级实践组织者对实践制度正确制定和共同协调的基础上，实践制度必然逐渐趋于规范化，而实践制度达到规范化的标志是富有权威、系统全面、切实可行并具有自我发展机制的实践制度体系的确立。如果能够建立起具备这样特征的实践制度体系，就标志着实践制度已达到了规范化的程度。

（三）实践组织的科学化

作为系统工程的大学生社会实践活动，要获得最理想的效果，不仅取决于实践活动的社会化程度和实践制度的规范化程度，还取决于实践组织过程中的科学化程度。大学生社会实践活动，作为高等教育的重要组成部分，社会将会对它提出越来越高的要求。而实践组织的科学化，正是要通过不断地研究社会实践的基本规律，并严格遵循规律组织实践活动，来动态地满足社会的要求。因此，实践组织的科学化就成为社会实践活动发展的必然趋势，将贯穿社会实践活动的全过程。而具体实践组织过程中实践组织的科学化，又依赖于实践活动有机组织系统的确立和科学组织理论的指导。

1. 实践目标设定和方案优选的科学化

实践目标设定和方案优选实际上是实践活动的设计过程，它将确立的是整个实践活动的蓝图和指南，因而，也是整个实践系统工程释放最大量最优化工程的基础环节。要使实践目标设定和方案优选科学化，就必须做到以下几点：

（1）实践目标设定基本科学。所谓实践目标设定基本科学，应包括三方面的内容：第一，要求实践目标具有切实性，即实践目标的设定绝不是组织者一时意志冲动的结果，而是在对社会、学校、个人三方面要求深入调查的基础上做出的，通过努力可以达到的。第二，要求实践目标具有层次性，这个目标又包括两个层次：一是总体目标，即培养社会主义事业的接班人；二是具体目标，它既是总体目标的具体化，又是总体目标的分解，规定具体实践活动所要完成的任务。第三，要求实践目标具有发展性。由于教育活动周期较长的特有规律，实践目标的设定不仅要以现实为基础，还要以未来对人才需求的趋向为依据。

（2）实践方案优选基本科学。实践方案优选的好坏，不仅关系着活动目标能否完成，而且决定着整个实践能否成功。一般来说，实践方案优选：首先，需要遵循方案设计的广泛性原则，即要从多方面、多角度设定方案；其次，实践方案优选还要遵循方案选择的民主性原则，即优选方案应征求实践组织者、实践参加者的意见；最后，实践方案优选需要遵循方案确定的最优化原则，即优选方案必须考虑到活动时期社会的需求，以及参与实践者的客观条件与主观性限制等。

2. 实践方案实施的科学化

实践方案实施的科学化，就是指要尽量减少方案实施的阻力，以更好完成已设定的实践目标。因此，要求实践组织者在实践活动本体运行前，必须注重实践客观条件的准备和实践主体的调适，像资金的落实到位、实践基础的准备情况、实践指导教师的确定等。在实践活动本体运行中，必须注意对反馈信息的收集、整理、分析，并在此基础上对实践方案、实践活动本体、实践活动主体进行调控。

3. 实践成果总结的科学化

要达到社会实践培养社会化大学生的目的，就必须认真做好总结、消化、吸收工作，从而进一步深化社会实践的成果。

加强社会实践活动各环节、各方面的考核。一要考核大学生在实践中的表现，包括参加社会实践的时间长短、态度好坏、所在单位的评价；二要考核大学生实践的收获，着重看学生认识国情、了解社会、认识自己的思想觉悟的提高，以及知识、智力、技能的提高；三要考核调查报告、心得体会的写作质量。同时，上级组织者还要考核下级组织者各方面的组织情况。

扩大成果，将单个的社会实践成果转化为大学生共同的精神财富。要举办社会实践心得交流会，让学生谈体会，交流实践感受；要举办实践成果展览，让更多人受到启迪教育；要举办跨校成果评比交流，让实践成果在不同高校间流通。

升华思想，把感性认识上升到理性认识。要重点抓大学生对坚持社会主义道路、树立为人民服务人生观、走与工农相结合道路重要性的认识；要重点抓大学生对艰苦奋斗重要性、改革开放重要性、解放思想重要性的认识。

在实践中体会和总结组织理论，并运用理论进一步指导社会各级实践组织者；通过实践组织理论的研讨、交流，进一步深化社会实践管理经验，使社会实践在广度、高度、深度上进一步发展，更好地为培养社会化大学生服务。

三、大学生社会实践的实施

（一）大学生社会实践的形式

1. 参观型社会实践活动

这种社会实践活动通常是组织学生到风景名胜区、工厂参观考察、座谈了解，虽然对大学生能起到一定的教育作用，但与现在的公款旅游有些类似，除了增进学生之间的友谊、加深学生对祖国大好河山的了解外，能真正使学生达到受教育目的的可能较少。于是，有些学校就把这种社会实践活动作为对优秀学生或学生干部的奖励，组织少量学生参加，但花钱较多，取得的成效却不大。

2. 活动型社会实践活动

这种社会实践以文化、科技、卫生三下乡为主，通常做法是学校与某地联合，在某地以学校为主，组织一台甚至几台文艺演出，动员群众前来观看，或组织大型的科技咨询、文化宣传、医疗服务活动,场面宏大、气氛热烈、影响也较大,但投入多、组织复杂,参与学生也不是很多。目前,这种社会实践活动已成为学生社会实践活动的主要形式,但仍需改进。

3. 生产型社会实践活动

这种社会实践以高年级学生、研究生、博士生参加为主,他们参加生产活动的某一环节,成为其中的一员。一方面,他们利用自己已有的知识促进生产的发展;另一方面,他们在实践中学到了书本上没有的知识,一举两得。这种社会实践活动花钱不多,但效果实在,达到了帮忙不添乱的目的,有较强的生命力。

4. 课题型社会实践活动

学校以教师牵头,各相关年级学生参加,组成课题小组,承担政府或企业的课题,通过广泛、深入的调查、宣传活动,对课题进行攻关。学生参加这种社会实践活动的积极性比较高,这种活动能得到一定的社会资金支持,也能长期开展下去。

5. 挂职型社会实践活动

这种社会实践活动主要是以组织的形式到机关、社区、乡村挂任各种职务的助理,做一些社会工作。这种社会实践活动受到机关、社区、乡村的欢迎,但目前参加的人数较少。

6. 学生自发型社会实践活动

学生在假期,通过参加社会招聘活动、上门自荐活动等形式,参加到各种社会生产活动中去,除体验社会生活活动的酸甜苦辣外,还能利用自己所长,在为社会服务的同时,取得一定的报酬,补贴学习或生活所需。这种社会实践活动参加的学生较多,学校支出也不是很大,应该进行鼓励。

7. 互动型社会实践活动

这类实践活动的参与者既有大学生(含大学生党员),又有城乡基层的市民、农民(含党员)。在活动中,他们互为参照对象,通过相互学习、相互帮助,在双方共同获得进步的同时,也促进了社会主义物质文明、精神文明、政治文明建设。

（二）大学生社会实践的内容与方法

1. 社会调查

大学生可以深入城镇、乡村,开展社会调查、考察;深入城乡各地、部队、科研院所、企事业单位,开展社会考察和社会调查活动,从而引导学生了解社会、了解国情,同时对社会和企业的发展献计献策。社会调查和考察的直接目的是使大学生了解社会的实际情况,认识社会现象的本质及其发展的客观规律。这是一种收集和处理社会信息的方法,在现代社会具有越来越重要的作用。当前,大学生社会调查逐渐向专题化、重效益、重应用方向转化。社会调查的内容很多,例如,通过走访工农群众、干部、军人、知识分子等,开展对社会现状的调查;通过了解城乡经济发展现状,开展国情民情考察;通过了解科技对经济和社会发展的影响,开展依靠科技进步及科学管理发展经济的专题调查等。社会调查方式比较灵活,有文献调查法、访问调查法、问卷调查法等。

2. 科技服务活动

科技服务活动面向经济建设主战场,面向城镇社区、县乡的中小型企业、乡镇企业,大学生可以结合自己所学专业,发挥技术特长,在教师的指导下开展科技攻关、工程设计、科技成果推广、科技咨询和技术服务等活动,使科学技术为现实生产服务。

3. 文化服务活动

大学生可以深入城镇社区和贫困乡村,开展文化培训、科普讲座、法律宣传和咨询活动,服务社区和乡村的两个文明建设。

4. 公益劳动和文明共建活动

这类活动包括校内公益劳动,校外社区服务活动,与企事业单位、部队、科研院所、乡村、居民委员会等单位开展其他形式的文明共建活动。

5. 互动活动

这类活动是指大学生党员与城市社区党员、农村基层党员、企事业单位党员在建立党的先进性教育长效机制中的互动活动。

6. 信息服务

信息服务是指通过一定的途径把人才、工农业、科学技术和社会生活等方面的信息资源的开发利用情况提供给被服务单位,并把被服务单位的信息传递出去,以期取得一定的人才效益、社会效益和经济效益。大学生通过在校的学习,掌握了一定的专业知识,可以通过开展信息服务把信息资源的开发过程及成果传播到各个领域,进一步加以利用,在信息资源的开发、利用之间架起了一座桥梁。

7. 勤工助学

勤工助学对学生个人和国家都有重要的意义。对个人来说,它有助于学生个人的成长和成才;对国家来说,它有助于国家高科技人才的培养,有助于国家教育制度的改革和教育的不断发展。一方面,在假期,通大学生做兼职教师、推销员、打字员、秘书、酒店服务员等工作,可以在一定程度上解决贫困生的经济问题;另一方面,这也是高校开展社会实践活动、培养学生自立自强精神的有机组成部分。

8. 教学实习

教学实习是教学计划内的社会实践,是在教学计划规定的时间内进行的,要求每个学生必须参加并取得学分,是实现专业培养目标、保证人才规格质量的必修课。教学实习包括认识实习、生产实习、毕业实习等,是理、工、农、医等专业大学生社会实践的主要形式,是把生产劳动引入教学,对大学生进行思想政治教育、职业道德教育、专业教学和职业训练的基本环节。

四、大学生社会实践的制度建设与创新探索

（一）大学生社会实践的制度化建设

高校把大学生社会实践活动纳入整体教育计划，通过制订短期规划、长远规划和配套文件，形成一套完善的大学生社会实践制度。高校对实践活动的指导思想、方针原则、目标要求、形式内容、方法途径、时间要求、成绩考评、工作量计算、奖励办法、组织领导以及有关政策都做了明确规定，并随着学校体制改革不断加以修订，使活动贴近学校发展实际，使活动有章可循。一个成功的实践制度，应包含以下内容：

1. 社会实践活动领导小组制度

学校应成立由分管学生工作的党政领导和教务、科研、总务、学生处、团委等部分单位组成的学生社会实践活动领导小组，负责对全校社会实践活动进行统筹安排，制订计划，组织落实。各院、系、部成立由分管学生工作的党总支、副书记、副主任、团总支书记与辅导室主任等参加的社会实践领导小组，负责本系学生社会实践活动计划的制订与实施。同时，高校也可吸收校外人士，如地方政府负责领导、地市团委同志及企业负责同志共同组成社会实践活动领导小组，建立友好关系，以便于高校社会实践在地方、企业的顺利开展。

2. 完善两种不同类型的社会实践基地建设制度

随着大学生社会实践活动不断走向成熟，社会实践基地建设制度也成为一种趋势。相对于实践初期的分散的、随机的活动，基地活动可以有长远的计划，为培养人才制订完备的方案；同时，也有利于基地方与校方建立长期互惠关系，使社会实践在双方自愿的基础上健康发展。社会实践基地制度建设包括两方面的内容：一是为教学研究服务的社会实践基地的制度建设。这类基地建设包括城市工商企业、农业生产单位等。二是思想政治教育和党建社会实践基地的制度建设。这类基地包括城市社区、农村基层组织、各类爱国主义教育基地（包括革命纪念馆、生命博物馆、烈士陵园等）。

3. 实行两种不同类型社会实践的指导教师队伍建设制度

开展大学生社会实践活动的经验证明，实践活动要取得成效离不开教师的积极参与。因此，必须建立社会实践指导教师制度。两种不同的社会实践需要不同的指导教师，为教学研究服务的社会实践由专业教师或相关专业的技术人员做指导教师；思想政治教育类的社会实践由政治辅导员、政治理论教师或校外政工干部做指导教师。高校可以借助指导教师在人格、理论、知识、专业上的优势，增强社会实践的生命力，完成在实践过程中全方位育人的功能。制定社会实践指导教师制度一般要考虑以下因素：一是基地的性质（教学研究服务的社会实践基地与思想政治教育的社会实践基地，两种不同的社会实践基地对教师的要求有所不同）；二是学校的有关政策；三是教师的地位和作用；四是实践过程中的组织领导；五是纪律要求；六是地点的选择和安排；七是职称评审和职务

晋升；八是工作量的计算。当然，这些要注意与由学校相关职能部门及分管学校领导组成的领导小组协调进行。

4.社会实践考核与激励制度

考核激励是提高社会实践活动成效的有效方式之一。对大学生参加社会实践活动要定内容、计学分；对教师要定任务、计工作量；院、系、部、教研室要制定规划和考核措施；对社会实践活动情况要做到"八个挂钩"：与学生德、智、体综合测评成绩挂钩，与奖学金挂钩，与评选先进个人和集体挂钩，与团员民主评议、推优入党和推荐免试研究生挂钩，与评选优秀党团员挂钩，与大学生的学分挂钩，与单位和个人经济利益挂钩，与教师工作量和干部业绩的奖惩挂钩，这样才能调动大学生、广大教师干部以及社会各界、各单位参与社会实践的积极性和主动性，使社会实践形成有机运作、自我驱动、有轨发展的动力机制。

（二）大学生社会实践的新探索

新的时代不仅对大学生有了新的要求，同时赋予了大学生社会实践新的任务。大学生社会实践要适应时代，就必须实现大学生社会实践理念上的更新。第一，将大学生社会实践与建设社会主义新农村的需要结合起来。大学生是掌握着一定基础知识和专业知识的青年知识分子，他们的参与无疑会有效地促进社会主义新农村的建设。同时，大学生加入社会主义新农村的建设中，又会给他们的专业知识提供用武之地，使他们的实际能力得到提高。将大学生的社会实践与建设社会主义新农村的需要结合起来，意味着对大学生的社会实践在观念上要有一个更新或变革，即要从过去单方面地将大学生作为社会实践的受动者，通过社会实践提高工作能力，培养良好的思想品德，转变为大学生既是社会实践的受动者，又是社会实践的"授动者"，学生管理创新模式研究大学生作为科技知识和精神文明的载体，在实践中去建设社会主义新农村。第二，将大学生社会实践与城市社区精神文明和政治文明建设的需要结合起来。当我们将大学生既看作社会实践的受动者又视为社会实践的"授动者"时，就应充分利用大学生这一科技知识和精神文明的载体，将其运用到变革社会的活动中。要将大学生的社会实践与城市社区的精神文明和政治文明建设的需要结合起来，持久、稳定、有效地开展社会实践教育活动，使大学生在促进城市社区精神文明和政治文明的社会实践中得到提高和锻炼。在这类社会实践活动中，大学生可以将自己在高校思想政治理论课中所学习到的内容应用于实践活动中，既能将知识活用，又能深化理论认识；同时，还可以通过自身努力，促使社会变革，成为推动社会文明进步的重要力量。

第三节　大学生宿舍管理探索实践

一、大学生宿舍的地位和作用

大学生宿舍是大学生日常生活和学习的重要场所，是培养和锻炼大学生自我管理、自我教育、自我服务能力，有效地开展大学生的思想教育工作的重要阵地。因此，大学生宿舍的管理是高校管理中的重要组成部分，是观察学校整体管理水平的一个窗口，务必高度重视。

（一）大学生宿舍在学生生活中的地位

学生宿舍是学生日常活动的主要场所，在大学生活中占有重要地位。扩招后，高校的办学资源改善步伐相对滞后，教室、阅览室比较紧张，其他文化、体育、娱乐活动相对不足，学生的课余时间很大一部分是在学生宿舍度过的。学生宿舍的设施是否完备、安全，环境是否整洁、优雅、舒适，服务是否周到，生活氛围是否和谐，社区文化活动是否丰富多彩，管理是否科学、规范，将直接关系到学生的日常生活质量，影响学生生理、心理的健康成长和良好行为习惯的养成。因而，加强宿舍建设对学生的日常生活至关重要。

（二）学生宿舍在学生教育管理中的重要作用

1.学生宿舍对学生树立正确的人生观、价值观具有重要影响

学生宿舍不只是单纯意义上的休息场所，还是一个重要的育人园地。来自不同地区、有着不同家庭背景和生活习惯的学生构成了宿舍的人文环境，这是学生情感和思想比较自然、真实流露的地方。学生在宿舍里交往必将对各自的思想情感产生影响。他们在交往中，或探讨人生、憧憬未来，或交流学习、谈古论今，必会有各种社会思潮、信息观点等方面的交会，并由此产生互动影响。所以，必须正确地把握学生宿舍里的思想动态，及时地给予学生正确的启迪和引导，并通过多种方式和渠道，积极开展教育活动，引导学生明确方向、明辨是非，树立科学的世界观、人生观和价值观。

2.学生宿舍是思想政治教育和科学管理的结合点

学生宿舍作为学生在校生活的集中场所，在学生的基本道德修养、学校的教育培养目标完成方面起着重要的作用。学生在宿舍中的表现，往往与社会对人才培养的要求，与学校教育管理目标相联系。就当前大学生的精神和学习生活而言，主要存在以下一些倾向：第一，在自我意识、个人价值观念方面，学生比较注重追求与大学教育层次相适应的知识结构和文化娱乐，而忽视了从社会的需要出发来完善自己。第二，对一些水平高、影响大的活动感兴趣，也喜欢对一些深层次的社会现象、个人价值观念进行探讨，却忽视了个人劳动观念、清洁卫生习惯的养成，以及自我教育、自我管理、自我服务意识的培养。第三，在宿舍建设中，学生比较注重为自己营造一个安乐窝，而不能与整个宿舍的管理保

持协调一致。第四,在宿舍人际关系方面,学生注重自我个性发展完善,而忽视宿舍作为一个整体应加以完善和提高。第五,同学之间交往密切,言谈举止不拘小节,学校的一些管理规章制度在宿舍成员的相互默认中得不到严格地贯彻执行,甚至有些消极的东西,如学习风气淡漠、组织纪律涣散、轻视劳动、不服从管理、挖苦先进、标榜落后等。

学生宿舍是培养学生形成良好的道德行为规范,实现其德、智、体、美全面发展和实施学校教育科学管理目标的一个结合点。通过学生宿舍这个点,学生工作者可以把深入、细致的思想政治工作与严格的科学管理有机结合起来,深入、实际地了解学生的所想、所感、所为,真正地把握学生的思想动向。

3. 学生宿舍是展示校风学风建设的窗口

一所高校的校风、学风如何,不仅反映在教室、图书馆、实验室里,也反映在学生宿舍里。学生的学习态度、劳动观念、组织纪律观念、集体观念在许多情况下都反映在占他生活时间三分之一以上的寝室里面。正因如此,学校要协调学生思想教育、管理、后勤服务、安全保卫等各方面的力量,积极探索学生宿舍中学校教育、管理、服务工作的结合点,加强学生宿舍的管理服务和思想疏导工作,为学生创造一个宁静整齐、文明清洁的环境,这也是消除学生因受其他不良影响而产生的抵触情绪的一项有力措施。针对此特点,宿舍管理必须从管理育人、服务育人出发,努力挖掘潜力,积极改善住宿生活条件,把学生视为服务的对象,让学生得到应有的尊重和关心。这是维护学校稳定的重要举措,也是创建良好校风、学风的前提,对学生的全面发展、成长成才十分关键。

二、大学生宿舍管理的体制及模式

(一)大学生宿舍管理体制概念

管理"就是在特定的环境下,对组织所拥有的资源进行有效的计划、组织、领导和控制,以便达成既定的组织目标过程"。管理不仅为实现组织目标服务,同时,还要运用组织中的各种资源来实现目标。管理工作的过程是由一系列相互关联、连续进行的活动所构成的,是在一定环境与条件下进行的,所以,管理工作离不开特定的政治、经济、文化环境和条件。离开了特定的物质和政治文化条件来空谈管理,是不可能产生管理效果的。所谓体制,是指"国家机关、企业、事业单位等的组织制度"。

我国的大学生宿舍管理体制,是指在中国特色社会主义市场经济体制的现行教育体制和办学模式下,为了实现高校学生宿舍的科学管理,为学生提供良好的生活、学习环境,通过对学生实施教育、管理、服务,实现育人目的而设立的学生宿舍管理机构。在宿舍管理过程中,应明确学生工作部门、后勤服务(物业管理)部门、安全保卫部门、学生政治辅导员、宿舍管理人员之间的职责和权限的划分,以及学生宿舍管理的有关规章制度、管理决策程序等。

（二）大学生宿舍管理体制的类型

随着我国改革逐步深化，尤其是高校后勤社会化的推进，学生宿舍管理体制在不断地发展变化。就目前而言，高校学生宿舍的管理体制主要有以下几种类型：

1. 行政管理体制

这种学生宿舍管理体制由后勤部门为学生提供住宿条件，学校用行政方法集权领导、分散管理，管理方式、收费标准等都由学校领导决定。在管理过程中，学生工作部门、安全保卫部门、后勤服务部门按具体的分工各负其责。行政管理体制虽是行政集权，管理有力度，但由于分散管理口多，往往出现各自为政、互相脱节的现象，管理人员与学生之间容易产生对立情绪。诚然，这种管理体制在一定的时期内曾起到积极作用，可在提倡民主、和谐的时代却存在不少弊端，有待于进一步探讨、完善。

2. 学生自我管理体制

学生自我管理体制是人本化管理在高校学生管理体制中的具化。人本管理思想是针对20世纪初泰勒的科学管理过于强调对一切作业活动的计量定额，强调严格的操作程序，而忽视了对人的管理而提出的一种人性化管理。人本管理在知识经济时代的立足点与核心是人的知识、能力的提高和创造力的培养，它要求管理者始终坚持以人为本的观念，建立起让每一位成员都有机会施展才能的激励机制，努力营造尊重、和谐、愉快、进取的气氛，激发人们参与管理的热情、想象力和创造力。这些具化到学生管理体制上，就是学生自我管理体制。学生自我管理体制从住宿学生中公开选聘学生宿舍管理机构的工作人员从事管理、服务工作，从而制定相应的学生宿舍管理制度、条例、工作程序、考核及奖励办法。同时，学生选举成立学生宿舍民主管理委员会，制定民主管理制度，使民主管理委员会的民主职权与学生宿舍管理机构履行的管理职能同步，相互制约，以提高学生宿舍管理水平。学校为学生住宿提供必要条件，配备相应的设施、设备，为有效地开展学生宿舍管理工作创造条件、授予职权、给予指导、积极理顺关系、做好服务工作。学生自我管理的形式有两种：一是学生宿舍完全由学生负责经营，自我管理、自我教育、自我服务，学校给予支持、指导。深圳大学、华侨大学就是这种形式。二是学生宿舍管理由学校提供支持、帮助，在保证学生宿舍管理服务正常运行的同时，学生实行自我管理、自我服务。

3. "主辅"管理体制

此种管理体制以行政管理为主、以学生参与管理为辅，其形式主要有两种：一是选聘或有关部门推荐学生直接担任学生宿舍管理机构的副职或助理，协助中心主任（或科长）做好学生宿舍管理工作并由这类学生负责学生宿舍楼楼委会有关工作；二是由学生代表组成学生宿舍管委会，协助学校做好学生宿舍管理工作。"主辅"管理体制既可充分听取学生的意见和建议，锻炼学生的组织能力，又利于管理人员与学生之间沟通信息，交流感情,承认并支持学校采取的管理决定和措施。

(三)大学生宿舍的管理模式

1.学生宿舍管理模式的含义

学生宿舍管理模式,是指学校对全体学生宿舍进行管理活动时所采取的组织形式和管理方式。学生宿舍管理模式是对学生宿舍进行系统管理的前提,受到社会制度、学校规模和学校管理体制等多种因素的制约。管理模式是否恰当,能否充分发挥学生宿舍管理效能,对全面实现管理目标有着重要的影响。因而,各高校都十分重视对学生宿舍管理模式的探索。

2.我国的学生宿舍管理模式

目前,在我国,各高校所采用的学生宿舍管理模式大致可分为以下五种类型:

(1)行政分工管理模式。此种模式是我国传统的学生宿舍管理模式,由学校各部门按工作职能,分别负责某一单项的学生宿舍管理工作。如后勤服务部门提供宿舍、设备,维护环境卫生等;学生工作系统、校团委负责学生的思想教育工作;校保卫部门负责学生宿舍的安全。行政分工管理模式把整个学生宿舍管理工作分解成若干部分,划分细致,职责明确,有利于各专职部门形成对自己所从事工作的制度化和规范化。但是,随着学生宿舍管理工作的日益复杂化,行政分工模式越来越不适应实际工作的需要,日益暴露出政出多门、推诿扯皮、协作性差、形不成合力等缺点。所以,它在当今学生宿舍管理中已逐渐被其他更先进、更合理的管理模式所取代。

(2)学生工作系统主管模式。这是以学生工作系统为主来管理学生宿舍的一种模式。此模式由各院(系)分管学生工作的党总支副书记或副主任、团总支书记、政治辅导员和班主任组成的学生工作领导小组,全盘兼管学生宿舍的安全、水电、卫生、维修等管理工作,后勤部门只提供物质保障。学生工作系统主管模式针对性、灵活性较强,有利于加强对学生的思想教育工作,能够促进学生的全面发展。但是,学生工作领导小组成员精力有限,教学、科研、宿舍管理工作很难兼顾,往往忙得团团转,却顾此失彼。因此,这种管理模式也逐渐不再被采用。

(3)学生自主管理模式。这种模式要求学生组织起来,负责宿舍的安全、水电、公物维修、作息制度、卫生制度的制定和执行监督等,学校只给予学生理论上、方向上的指导和适当的经济补贴。这是充分体现学生宿舍民主性管理原则的一种模式。实现学生自主管理的主要机构是学生宿舍自我管理委员会。该委员会的成员由广大同学推举产生,报经学校批准。该委员会负责宿舍各种宣传、各种规章制度的贯彻落实、各项工作的检查评比、各种违章行为的批评处理、各种服务设施的使用和维修等一切宿舍管理活动。学生自主管理模式具有宿舍管理的针对性强、灵活性大、范围广、效益高等优点,在理论上值得推崇和肯定,但实际推行起来却因学生群体的自觉性不够,又缺乏大批得力、过硬的学生干部而困难重重,因而,只是在理论上加以肯定,在实际学生宿舍管理工作中却不常用。

（4）综合管理模式。所谓综合管理，就是以后勤服务总公司或学生工作部（处）为主管单位，以学生宿舍管理科或学生宿舍管理中心为主要责任方，后勤部门、安全保卫部门、思想品德教育和学生工作部门，相关院（系、部）及参加学生宿舍管理工作的学生工作干部、管理员、保安人员等，按职责分工，相互配合，共同做好学生宿舍的管理工作。在宿舍管理过程中，行政管理、思想政治教育、经济、咨询疏导等方法和手段应交错使用，以提高学生宿舍管理的整体效能。管理的内容包括学生宿舍的卫生、治安、秩序、日常维修等，使学生宿舍内整洁美观，公共场所清洁卫生，房屋、设施、水电供始终保持正常状况，宿舍秩序井然、舒适、文明，管理人员、服务人员、治安保卫人员积极治理宿舍环境，主动做好防火、防盗工作，及时预防和妥善处置突发事件，实现教育、管理、服务一体化。学生综合管理模式目前在我国高校学生宿舍管理中较为普遍。在新形势下，伴随着高校后勤社会化的逐步完善，学生宿舍如何更有效地发挥好教育、管理、服务三项功能，不少高校对此进行了有益的探索。重庆交通大学的学生社区管理模式就是其中的典型，在全国产生了较大的影响，形成了学生教育管理、物业管理、安全保卫、饮食服务"四位一体"的管理模式。

三、大学生宿舍管理的内容与方法

（一）大学生宿舍管理的内容

高校学生宿舍管理具有服务、管理、育人三个主要功能。学生宿舍管理应包括宿舍内务及卫生管理、宿舍区的治安管理、宿舍纪律和秩序、宿舍设施管理、宿舍水电气管理、宿舍电视和网络的管理等方面的内容。

（二）大学生宿舍管理的方法

大学生宿舍不只是单纯意义上的信息场所，还是一个重要的育人园地。良好的宿舍环境是高校实施学生素质教育，促进学生德、智、体、美全面发展的物质保障。科学合理的规章制度会对学生起到良好的导向、规范、协调和激励作用，因此，对学生宿舍实施科学有效的管理十分重要。就目前而言，大学生宿舍管理大致有以下几种方法：

1. 行政方法

行政方法是指学校根据学生宿舍管理工作需要，设立专门的管理机构，配备相应的管理人员。根据学校的校规校纪和学生宿舍管理制度、条例等，学生宿舍管理人员、服务人员及学生干部用强制性行政命令、规定，直接对住宿学生进行宣传教育，增强住宿学生执行规章、制度、规范的自觉性，使宿舍管理有章可循，依法办事。行政方法是高校学生宿舍管理普遍采用的方法。为了提高学生宿舍管理行政方法的有效性，应科学运用相应的管理方式。

（1）行政命令管理方式。行政命令管理方式是指凭借行政职权与权威，通过口头或书面等方式，发布必须执行的规定、决定、指示，具有明显的强制性、权威性、直接性。对贯彻执行制度、条例、规则的职责范围、处罚规定要明确具体；对不服从管理的要有相应的纪律、制度、惩处规定与执行程序做保障，以保证管理规章制度能贯彻执行，实现有效管理；对违反条例的处理要一视同仁，对管理条例的执行做到公开、民主、公平、合理，学生宿舍管理制度、条例、规则、规范的制定要科学，既要符合国家法规、条例，又要有学生的认同，这就要求规章制度的制定，不仅应有管理人员、法律专家、主管领导，还应有规章制度的针对人——学生或学生代表参与，这样的规章制度才会有牢固的群众基础，才能得到更好的执行。在具体实施行政管理方法时，要做到制度化、规范化、程序化管理。根据高等教育规律，高校管理目标、基本原则、管理程序和学生宿舍自身规律，应制定一套包括《学生宿舍管理办法》《学生社区管理委员会工作条例》《学生宿舍公约》《各级工作人员岗位职责》《文明宿舍建设实施细则》等完整、系统的规章制度，管理服务规范和学生宿舍日常工作处理程序，并采用多种方式向学生进行宣传教育，使学生一进宿舍，就知道应该做什么，不该做什么；明确做好按何规定受到何种奖励，违反了按何种程序哪条规定接受何种处罚，使管理服务人员和学生，都有纪可守、有章可循，建立和谐的人际关系，提高工作效率。

（2）激励方式。激励是教育的一种方式。激励的直接着眼点在于激励学生的感情，产生良好的行为。公寓管理人员应掌握激励的艺术，不断创造条件，变换激励方式；同时，在激励过程中，开展思想品德教育活动，以对学生起到感化作用，解决思想认识问题，巩固激励成果。在学生宿舍管理工作中，激励方法可以采用以下几种类型：一是参与管理激励。吸收学生参与管理，成立宿舍管委会，对学生宿舍实行民主管理，以激励住宿学生共同管理好宿舍的积极性和主动性。二是目标激励。每学期公布学期、学年评选文明寝室、个人标兵的数量、条件、奖励方法，以激发学生达到某一目标的驱动力。三是荣誉激励。对积极主动配合宿舍管理工作，并做出贡献的个人或集体，授予相应的荣誉，出光荣册、光荣榜，记入学生档案，为其他学生树立榜样、明确方向。四是物质激励。对建立良好宿舍环境做出贡献的个人、集体，在运用上述几种激励方式的同时，要辅以物质激励。如按原定并已公布于众的标准、比例发给奖金、奖品等，激发学生参与和配合做好宿舍管理的积极性。五是情感激励。宿舍管理人员、学生社区辅导员要注意观察住宿学生的情感变化，对学生生活中的实际问题要帮助解决。如对经济困难的学生提供勤工俭学机会，对有病的学生在医疗、饮食方面给予关怀，对某些有错误思想行为或失误行为的学生有针对性地给予关心、爱护、帮助，使其树立信心。

（3）疏导教育方式。疏导，就是疏通、引导。疏，就是要创造条件形成某种疏通机制，让大学生的某种情绪得到宣泄，就是要循循善诱，将偏差的思想、情绪引导到正确的方向上来。鉴于目前有些大学生对加强学生宿舍管理的意义不理解，有少数学生在宿舍开展经商活动，引来亲友、同学住宿，有的学校还发生过异性同宿现象，学校虽然采取行政措施，强化学生宿舍管理，但有的学生持"无所谓""管不着""我愿意"等错误态度，校方对个别严重违反学生宿舍管理条例的学生应按校规给予严肃处理。但高校对大多数学生只能在强化行政管理、加强思想教育的同时，适时采用疏导教育方式，倾听学生的意见和想法，掌握学生的心理，运用启发、商讨、建议等方法，在疏导的同时进行教育，以提高学生接受宿舍管理规定、条例的自觉性。高校对学生的合理要求应尽量满足，或者创造条件分步骤实施；对学生的无理要求或者违纪行为，要严厉批评；既不能强制压服，也不能放任自流，应采取积极疏导教育的方式；对后进学生要消除心理"防线"，"晓之以理"，促进转化，以便做好学生宿舍管理工作。

（4）学生参与管理方式。现代管理理论认为，管理的核心是做好人的工作，充分调动人的积极性，使每个管理人员明确整体目标、自己的职责、工作的意义、相互的关系等，使其能积极、主动、创造性地完成自己的任务。根据管理心理学对"参与"和"认同"行为的研究成果表明，让普通成员以不同形式参与领导和管理，可以增加成员的心理满足，增强工作动机，减少对抗，增强责任感、义务感，由于"认同"而产生关心、支持和主动帮助的行为。高校学生宿舍的住宿对象是具备一定知识和技能的大学生，校方应积极组织以学生为主体的学生宿舍楼管委会，设楼层层长、寝室长，吸收大学生参与决策学生宿舍管理模式，制定学生宿舍管理目标，参与决定问题、处理事件的活动。这样，可以提高学生在学生宿舍管理工作中对自我价值和重要性的认识，增加学生对宿舍管理决定的认同，从而增强其向心力，增强其自觉性，做到紧密配合、协同工作；同时，又可以使学生在参加宿舍管理过程中，提高组织管理能力。

学生参与管理是提高宿舍管理效能的有效途径，也是育人的需要。学校学生宿舍管理部门应从战略高度提高认识，积极支持，并要因时因校制宜，实行民主管理。条件成熟的学校可让学生自我管理，仅行政方面给予其指导、支持和帮助。学生参与学生宿舍的管理一般有三种方式：一是咨询参与。对学生宿舍的管理模式中重大的管理改革措施、改革方案、规章制度建设等提出意见和建议。二是决策参与。对学生宿舍管理中学生关心的重大问题，选派学生代表组成调查研究小组，在调查研究和系统分析基础上，直接参与决策。三是行政参与。通过学生代表参加的校学生宿舍管理领导小组或学生宿舍楼管委会，对学生宿舍进行日常行政管理。

2. 经济方法

经济方法是经济组织利用物质利益来影响所属人员行为并使之与组织目标相一致的一种管理方法。随着教育体制改革的深化，学生宿舍管理应加强高校经济核算，提高教育投资效益，对学生适当采用经济方法进行管理，如对学生收取学杂费、住宿管理费等，同时变助学金为奖学金、贷学金。入学时，学生先交费后注册；不交费或严重违反宿舍管理规定的，学校不准其在学生宿舍住宿。将住宿学生在公寓的表现作为道德操行，实施考评德育分与评奖学金挂钩。在宿舍日常管理中，核定水、电用量，超指标加价收费，减少水、电浪费。为防止损坏公物，学生住宿时每人交一定数额的押金，损坏公物时扣款赔偿等都是宿舍的经济管理方法。

总之，适当运用经济方法有利于完善学校及学生宿舍管理职能。但经济方法不是万能的，作为国家主管主办的高等学校，不能过分强调以经济制裁为手段进行宿舍管理，对学生的收费要适度，对损坏公物要酌情赔偿，对违反规定的处理要合情合理，严格控制，避免处理过当。

（三）大学生宿舍管理的心理咨询方法

大学生正处于青年时期，存在着青年和青年知识分子的特点。学习竞争的激烈，就业形势的严峻，爱情问题上的不如意，因与同学交往产生障碍而导致的焦虑，部分同学经济上存在的压力和家庭教育的不当等，都可能导致高等院校部分学生在心理上存在这样那样的问题。有的学生患上精神分裂症，有的学生甚至因绝望而自杀轻生，诸如此类，不一而足。对学生管理工作者而言，这类问题是决不可轻视或忽略的。对此，校方有必要选聘有经验的、学生信得过的中老年教师、心理医生在学生宿舍开设咨询室，用社会学、心理学及医学知识、生活经验开展心理咨询健康咨询等，帮助学生解除困惑，培养积极的心态，使他们适应环境变化、树立信心，这对搞好学生宿舍管理是一个有效的辅助管理方法，也是学生宿舍管理人员参加教育过程的有效措施。

学生宿舍心理咨询方法的特点是学生由被管理的被动地位转为主动地位，而管理者（教师、医生、管理人员）由主动地位变为被动地位。学生心甘情愿地向管理者诉说自己的"遭遇""苦衷"，以求得对方的同情、理解和指导，从而使焦虑、郁闷、孤独、压抑得到某种释放和宣泄，保持心理平衡。

心理咨询方法对帮助心理有障碍、行为受挫折的学生消除消极的心态，树立信心有重要的作用。学生认为对方是自己的师长、父辈或"救命"的医生，是信得过的，心理上便消除了"防卫"和"戒心"。因此，学生能够听得进这些人向他们阐述的道理、行为规范、健康知识，同时双向还能交流感情、商讨问题，有较强的针对性，利于师生建立友谊，激发学生的潜能和消除自卑、自弃心态。

学生宿舍管理中运用心理咨询方法有各种不同的方式。一般讲，单独面谈，或约几个知心朋友一起谈，或采取书信、网上交流等方式回答问题、交换意见都是可行的。校方也可以针对学生中普遍感兴趣或带倾向性的问题举办研讨会，或开设咨询课，或请有名望的专家、教授、医生做专题讲座，并当场回答学生的问题，引导学生健康成长。

四、大学生宿舍管理艺术的探索

（一）大学生宿舍日常管理的艺术

高校管理者要尊重学生的自尊心。大学生活是人生的关键阶段。大学生们有求知的需要、友情的需要、自尊自爱的需要等。他们虽具有一定的成熟度，但一旦受到挫折，遇到障碍，发生冲突，却容易偏激、冲动，个别学生甚至在与人的冲突中失去理智，因过激行为而发生悲剧。据调查，大学生认为，使他们难以忍受的是"遭人轻视""受人制约"，特别是受到比自己弱势的人的轻视和制约。因此，学生政治辅导员、宿舍管理人员，在实施宿舍管理过程中既要严格管理，履行育人职责，又要充分理解大学生既希望得到他人尊重，又有求援的心理需要。大学生在受到挫折时，期望得到他人的原谅、理解、关心、帮助、安慰、指导，有躲避羞辱的需要，会尽力避免可能贬低自己或使自己陷于羞辱或失败的困境。所以，学生宿舍管理者要以积极、平等的态度对待大学生。

1. 用询问代替"命令"

给学生布置任务或检查寝室卫生，执行作息制度、门卫治安制度时，对违反规定者可用发问的方式和询问的口气，让学生讲清楚情况，回答条例规定，启发学生应该怎么做、不能怎么做，达到管理与教育的目的，切忌滥用"命令"训斥学生，造成感情对立。

2. 妥善处理学生的轻度违纪行为

对学生轻度违反宿舍管理规定的行为，不武断、不拔高、不揭老底、不算总账。学生的主要任务是学习，但由于智力、认识等差异，有的学生学习比较吃力，有机会就想"加班加点"，可能出现学生在公寓楼锁门后敲门进宿舍楼现象。此时，管理、服务人员不可武断认为他是去谈恋爱；或羞辱他"考试不及格还有心思谈恋爱"；或训斥他违反校规要罚款，应当区别情况，讲清道理，提高学生遵守宿舍管理规定的自觉性。

3. 对学生要守信用

学生因缺乏处理异性问题的生活经验，或受到其他挫折，个别学生一时出现厌学、"滑坡"现象，或患"单相思"病，或对生活失去信心，甚至想轻生或远走他乡。在某些时候，出于对长者、老师的信任，学生在得到给予保密承诺的情况下，会将实情和盘托出，以期得到谅解和指教。此时及今后，教师应守信用，既要关心学生，又要为其保密。切忌以此为典型，大肆渲染，使学生本人及他人感到教师不可信。

（二）处理大学生宿舍突发事件的艺术

学生宿舍是学生的基本生活场所，突发事件随时都可能发生，所以，掌握处理突发事件的艺术十分重要。

1. 处理"起哄"的艺术

青年学生有旺盛的精力，爱好广泛，对某些运动、活动（如足球、排球比赛、综艺活动等），或对校方某一决定，容易引起同一寝室、同一楼层、同一幢楼学生的共鸣，有的是因欢呼比赛胜利而雀跃，有的是对比赛失利或拉闸熄灯等起哄。其表现形式有同时同声呼叫，喊声震天；有时班与班，层与层"对哄"；有时摔暖水瓶、啤酒瓶，敲洗脸盆；有时放鞭炮，甚至有的搞恶作剧。处理此类事件，学校必须做明文禁止及违者处理的规定。公寓管理人员要区别情况，冷静分析，及时处理。一是抓准事实；二是查清带头人；三是采用西方管理理论中的"热炉法则"，让住宿学生懂得学生宿舍管理"规则"犹如一只烧红的火炉，当有人违反了"规则"，就好比触到火炉，会即刻被烫；火炉烧红摆在那里，就如"规则"已经宣布和预先示警。学生知道一旦触及火炉（即一违反"规则"）就无例外地会被烫伤。这样，即使学生受到处理，也就不会产生激烈的抗争行为。当然在具体处理过程中要分清问题性质及危害程度，一般不宜采用当着众多学生的面与学生争论，应随即将该班、该室的直接主管（如班主任、辅导员或系主任）叫到现场，控制局势。第二天，查清情况后按管理条例规定，立即公布处理决定，切忌一拖了之，否则，再发生类似事件就不好收拾了。如果遇到学生间或外来人员与学生间发生伤害、斗殴事件，公寓管理人员、服务人员必须全力制止，使双方脱离接触，或者立即报告治安保卫部门处理，并密切注意事态的发展。

2. 处理公寓盗窃事件的艺术

公寓发生盗窃事件，情况复杂，主要是外来人员作案，偶尔也有内盗，或是"自盗"，或内外勾结作案。偷窃行为是缺乏社会公德的违法行为，无确凿证据，对临时工、学生不应随便怀疑，或与无关人员随便议论、猜测，要由治安保卫部门处理。对寝室内衣物或一些小件物品丢失，不要笼统地将其称为偷盗事件，要做具体分析。有的学生可能不小心把别人的东西拿错了，可提醒学生回忆"是不是不小心在外边丢失了""是不是挂在外边晾晒被风刮掉了"，请同室同学分析、寻找，以利缓和紧张气氛，消除互相猜疑的心理，利于确实无意拿错或一时糊涂而做错事的人自己纠正错误。当然，对那些品德恶劣的偷盗者，一经查实，应严肃处理。

3. 防止学生宿舍发生纠纷的艺术

学生宿舍是大学生学习、生活的重要场所，是大学生交往和日常活动的基地，学生往往在宿舍内娱乐、休息、谈话、彼此交往，因而，在大学生宿舍内纠纷发生率较高。怎样防止学生宿舍发生纠纷、斗殴事件呢？

（1）制定严格的共同生活制度，并促使每一个宿舍成员自觉地遵守。为了保证共同生活有条不紊，在实际管理中，必须制定共同的生活制度，如休息制度、卫生制度、安全制度、文明创建制度等，以此来调整规范大家的行为。这些制度可由学校统一制定原则，或由本公寓成员共同协商制定。有了制度，大家就要共同遵守，这样才能减少争执、消除摩擦、求同存异、协调一致，维持正常的生活秩序。

（2）在集体生活中，大学生应当相互谅解。同一学生社区的学生，不可能有着同一性格、同一习惯、同一爱好、同一兴趣或完全相同的要求。因此，在集体生活中，成员间必然会产生一些矛盾和冲突,这是正常的现象。在这种情况下,大学生一方面要严格要求自己事事注意,处处克制,尽量不要影响别人;另一方面要关心别人、谅解别人,给别人以方便,不强求别人与自己的生活方式一致。倘能如此,就可以减少许多纠纷发生。

(3)大学生在交往中要坚持互酬的原则。学生在日常生活中相互交往、相互帮助,是满足自身生活、学习需求的一个非常重要的途径,不论在学习上还是在生活中,任何人都需要得到别人的帮助和支持。通过交往,在满足他人需要的同时,又能够得到他人的报答,使人们之间的友谊不断得到巩固和发展。这种互相帮助、互为满足,便是互酬。当然,这种互酬首先是心理上的互酬。只有这样,互酬才能发挥相互交往的积极作用,体现互酬原则的真正含义。

(4)大学生在共同学习和共同生活中要相互信任,不要互相猜疑。信任是友谊的桥梁;友谊既需要共同的兴趣、爱好,也不可缺少信任。猜疑则是为人处世的大敌。信任是建立良好关系的基础,只有相互信任,才会有安全感。如果同学之间有了分歧,则要及时交换意见、消除误会,从而增进友谊。

(5)大学生遇到同学的冷待,应该用正确的方法对待,要设法回避,寻求内心的宁静,充满自信,努力学习和生活,依靠学校组织、领导来帮助解决,决不可一时冲动,诉诸暴力,那只会带来更坏的效果。

(6)大学生在遇到争执、摩擦或者有可能引起一场纠纷的情况下,一定要冷静、克制,千万不要莽撞。大学生从心理角度看,易冲动,自制力差,所以,要防止纠纷和冲突发生,必须做到无论争执由哪一方引起,双方都要持冷静态度,决不可情绪激动,这就要求大学生要大度,对于那些可能发生摩擦的小事,要宽容、要理智,切不可做遗憾终生的傻事。

4.防止学生在公寓斗殴的艺术

(1)大学生要加强自我修养教育,培养美的行为和美的心灵。这就要求大学生既要有实事求是、追求真理,严于律己、宽以待人的行为意识,又要有对人和气、谦虚谨慎、谈吐文雅、举止文明的行为表现;反对自私、狭隘、粗野、偏激、轻率、放纵的行为表现,要把自己培养成具备高等文化修养和高尚道德行为的新一代大学生。

(2)突发性斗殴往往是由偶尔的矛盾不能冷静对待而引起的。制止这种斗殴时,高校管理人员首先应采取说服的方法,针对不同的对象,认真讲清道理,指出"行少顷之怒、丧终身之躯"的严重后果,使冲动的头脑迅速冷静下来,不自酿苦果;说服时一定要耐心、细致,把道理、后果讲彻底、讲明白。

(3)报复性斗殴往往产生于某种奇特的变态心理。在生活中,人们的思想动机必然要从言语、行为等方面显露出来,因此,高校学生工作者要注意关心大学生的思想变化,发现问题要及时而有针对性地进行规劝。此时可采用攻心术,大学生一般来说自尊心很强,所以,高校学生工作者应委婉相劝,攻心为上,用一种相似的人或事来善意暗示对方,让对方自己觉悟,从而领悟道理。

（4）演变性斗殴一般有较长周期的滋生过程。同宿舍同学长期生活在一起，不可避免地在思想上和生活上会发生一些摩擦和冲突，而有些伤人感情的话语或行为容易生成积怨，引起斗殴。此时，高校学生工作者要善于化解，能主动消除隔阂，及时进行调解、疏导，把问题解决在萌芽状态；但一旦发生，要充分利用攻心术和说服术，让双方冷静下来，再做细致的沟通工作。

5. 处理校外人员寻衅滋事的艺术

校外人员寻衅滋事是指非本校人员对校园的各种侵犯、滋扰、破坏和挑衅活动。校外人员寻衅滋事活动原因复杂。滋事者大多是一些有劣迹、行为不轨的青少年。这些人的行为目的和动机短浅，只顾满足眼前欲望而不计后果，易为偶然动机和本能所支配，自制力差，微不足道的精神刺激即可使之陷于暴怒和冲动之中；有些校外人员则结成团伙，蛮横无理、为所欲为、称霸一方，严重扰乱了校园的生活秩序。那么，遇到这种寻衅滋事时应该如何处理呢？

（1）提高警惕、积极预防、慎重处理，以预防为主。对一些不三不四的人或形迹可疑者，门卫应依照管理制度拒绝其入校；对聚众闹事，冲进校园的不法之徒，门卫或发现者应及时与保卫部门联系，密切注意其动向。如果发生了滋扰事件，那么校方要积极干预，慎重处理。

（2）依靠组织和集体力量积极干预和制止违法行为。校外人员滋事时，发现者要及时向学校有关部门报告。对于出现公开侮辱、殴打、抢劫校内人员的恶性事件，高校师生要敢于见义勇为，挺身而出加以制止，要善于团结周围群众对滋事者形成压力，使其中止违法犯罪行为。有些成群结伙、凶狠残暴的滋事者，一有骚动便一哄而上，为非作歹，唯有依靠政府组织力量方能制止其违法行为。

（3）讲究策略，避免纠缠，防止事态扩大。通常在许多场合，滋事者显得愚昧而盲目，固执而无赖，有时仅有挑逗性的语言和动作，叫人可气又可恼，却抓不到确凿的证据；或者滋事者并没有借口，只是大闹一场。高校师生遇到这种情况时一定要冷静，要讲究策略和方式方法，或及时报告，协助职能部门处理；或正面对其劝告，注意避免纠缠，不因小事而惹是非。这样做的目的是避免把事态扩大，因这类事件处理不当，使一般问题化为大的治安案件是不乏其例的，应引起重视。

（4）自觉运用好法律武器。滋扰事件十分复杂，大学生必须保持清醒头脑，自觉守法并充分运用法律武器来保护自己。这里要特别注意两个问题：一是要坚持以说理为主，不要轻易动手，但对正在实施的不法侵害行为，采取正当防卫是必要的；二是要掌握证据，证据是指能够证明案件真实情况的一切事实。大学生要注意留心观察，记下出事情况，例如有哪些人在场？谁先动手的？持何凶器？滋事的主要特征有哪些？大致经过怎样？要尽可能保护现场，保留痕迹、物证。这些证据对案件的顺利处理是有帮助的。

6. 宿舍管理决策的艺术

对决策与学生利益密切相关的事，高校管理人员要反复研究，掌握学生心理状况和承受能力，不可草率地宣布行政决定。凡对涉及学生宿舍管理，特别是与学生利益直接关联问题的决策，高校管理人员要根据学校管理目标与个人利益尽量统一的原则，要准确把握管理要求，明了学生想法，增加管理工作的透明度，充分做好学生干部工作，不可简单地把"行政决定""领导指示"强加给学生，而是要充分讲道理，认真听取学生意见、建议，吸收其积极的方面，使学生对所要决定的问题产生关心、支持、认同的心理力量。当一部分学生对所要决定的问题有较明显分歧时，高校管理人员不可随意召集众多学生开会，宣布对此问题的决定意见，以免学生起哄，避免学生随意行使否决权，造成己方的被动。

（三）激励学生参与宿舍管理的艺术

根据管理心理学的参与和认同理论，可以吸收学生以不同形式参与学生宿舍的管理与服务工作，对于推动学生宿舍管理工作、鼓舞住宿学生士气、改善心理气氛有积极作用。因此，既要积极支持学生参与管理，又要善于增强学生参与管理行为的有效性，适时解决学生在参与管理过程中遇到的问题。

1. 激发大学生参与公寓管理的热情

大学生有旺盛的精力和丰富的知识和一定的组织管理能力，学生宿舍管理部门应积极吸收学生代表参与学生宿舍的管理，激发学生形成学生宿舍管理的内在动力。但学生参与宿舍管理，往往不能长期坚持，对自己关心的或符合自己愿望的工作比较热心。对此，管理人员要认真选择合适人选，予以信任，凡符合教育目的又可办的事，可以鼓励学生大胆实践。学生取得成绩后，管理人员要对他们进行充分肯定，以使他们树立信心。同时，管理人员要帮助参加宿舍管理的学生做好有可能出现错误和失败的心理准备，使学生坚韧不拔，努力克服困难，与学生宿舍管理人员、服务人员一起，共同搞好学生管理工作。

2. 适度的期望值

学生参与管理、参与服务是民主管理的有效形式，是学生参加社会实践和提高组织管理能力的机会，也是学生实现自我管理、自我服务、自我教育的有效途径。但学生的主要任务是学习，他们有以此为中心而养成的生活规律性。因此，高校管理人员对学生参与管理能实现的目标的期望值要恰如其分，期望值过高，容易产生消极、失望，甚至对立情绪；对学生承接的任务，要留有余地，在学生考试或大型集体活动期间，要有应急措施。

3. 定期轮换

学生一般对自身评价偏高，把学生宿舍日常管理工作看得过于简单。学生对管理工作感到新鲜，想按自己的想法做出决定，但缺乏持久性，特别是遇到阻力、遭到失败时，会突然提出不干而单方面解除合同。根据此特点，学生参加某一岗位服务或同一种管理工作，一般以一个学期，最长不超过一学年为宜；少数学习成绩优秀或家庭经济困难，又踏实负责,本人愿意的学生,也可让他们较长时间干下去。

4.树立权威,适当授权

吸收学生参与管理,就要帮助他们树立权威,适当授予职权。凡决定组织学生开展有益活动的事,只要不违反学生宿舍管理条例,在职权允许范围内,可以由参与管理的学生做出决策。对管理过程中发生的问题,高校管理人员应主动承担责任,不推诿、不埋怨,要耐心帮助、指导学生,并把管理过程作为重要的育人过程。对取得的成绩、荣誉,高校管理人员不要贪功,应由参与管理的学生去领取荣誉。高校管理者要有自我约束力,授权要适度,学生毕竟是受教育者,要避免造成凡有关学生宿舍管理方面的事都必须有学生参加才能决策或决策才有效的错觉。

(四)解决住宿学生矛盾的艺术

人与人之间存在差异和矛盾。学生政治辅导员、宿舍管理人员、服务人员与住宿学生之间,由于认识差异、看问题的角度不同和利益不同,形成对某一问题、某一决策看法不同而产生矛盾,这是客观的、不可避免的。领导者和学生宿舍管理人员应根据唯物辩证法及教育学、管理学、心理学、行为科学等理论,运用管理艺术,协调学生政治辅导员、宿舍管理人员、服务人员及学生之间在认识和利益上的分歧,妥善处理各种矛盾,解决争执,这对加强学生宿舍管理、治理教学教育环境、稳定教学秩序,有积极作用。

1.解决学生政治辅导员、宿舍管理人员、服务人员与学生之间矛盾的艺术

学生政治辅导员、宿舍管理人员、服务人员与学生发生矛盾或争执,领导者着手处理矛盾时,要耐心听取双方意见,使学生消除认为校方总是偏袒管理人员的心理。学校应使学生感到领导是在公平、公开、讲话机会均等的环境中解决问题,从而实现心理平衡。如果学生政治辅导员、宿舍管理人员、服务人员因为执行宿舍管理制度而与学生发生争执,那么领导者在摸清情况后,要维护制度的严肃性,应向学生讲清道理,提出批评、进行教育,同时,也要指出管理者应注意教育方式;如果是因为学生政治辅导员、宿舍管理人员、服务人员工作失误,或决策不妥,或方式不当,造成学生方面强烈不满,甚至发生争执,那么领导者应帮助管理人员、服务人员改进工作。但领导者一般不要当着学生的面严厉批评、指责管理人员、服务人员,宜用个别谈话或开会方式,用教育者的标准,对其提出批评,视情节令其做出必要的检查,提出改进工作的措施;然后,由相关人员找学生做出必要的说明,或赔礼道歉,情节严重的应调整工作,使学生受到教育。如果个别学生不服管理,煽动不明真相的学生无理取闹,那么领导者要迅速查明原因,及时做出严肃处理。如果双方情绪对立,争执不下,那么领导者应采取措施令双方脱离争执现场,再通过协商,选准双方能接受的适度退让点,迫使双方彼此谦让,再公平解决。此时,领导者应切忌不冷静,批评一方,支持一方,避免激化矛盾。

为了对学生宿舍实现有效管理,学生政治辅导员、宿舍管理人员、服务人员要掌握教育规律,了解学生心理需求,通过主动服务、优质服务,贯彻育人原则,要教育学生像对待

教师一样尊重、支持宿舍管理人员、服务人员。管理人员、服务人员均要以教育者的身份严格要求自己，以提高自己的责任感和教育效果。

2. 解决住宿学生之间矛盾的艺术

解决住宿学生之间的矛盾时，学生政治辅导员、宿舍管理人员、服务人员要秉公调解，以诚相待，有效疏导，做到动之以情、晓之以理、导之以行、持之以恒。对一时难以调解或带有不安全倾向的矛盾，要及时向学生工作部（处）或保卫部门反映，以便共同做好工作。对一时难以见分晓的争论、争执，或对某一决定、某一制度的辩论，宜采用"冷处理"，用回避的方法，即暂时维持现状，接受时间的验证，或通过生活本身逐步加以调整。对涉及整体利害关系的冲突，利益的争执，或属于日常工作和生活方面的冲突，可请在学生中享有盛誉的教师、干部进行协商，使得争执双方自觉谦让。或者采用调解法，由第三者出面，对冲突双方进行调解。有时可采用"迂回前进"的方式，寻找冲突方面的薄弱环节，先做通一部分人的工作，或先解决某一些问题，使矛盾逐渐缩小，直至最后协调解决。对一些非原则的争论，或者冲突中的枝节问题，可采用含糊处理的方法，做一些必要的退让或妥协以缓和矛盾。有时，也可以通过解决学生生活中的实际困难，或者支持冲突的学生共同开展一些有益的活动，如郊游、比赛等，在活动中使学生间加深理解，建立友谊，促进矛盾的解决。当然，不管采用哪一种方法解决冲突，必须坚持原则，对于非原则问题能退则退、该让则让，具体问题具体分析。

第四节　高校学生奖惩制度创新

奖励与惩处，是管理者实施管理行为、实现管理目标的重要方法和手段之一。奖惩制度是高校学生管理制度体系的重要组成部分，是高校坚持社会主义办学方向、促进学生成长和成才的重要手段之一。高校学生奖惩制度对大学生在校期间的思想、行为导向有着直接的影响。可以说，高校制定的学生奖惩制度，在很大程度上反映和表明了学校提倡什么、反对什么，具有明确的指向性和导向性。因此，在严格遵循国家法律、法规以及教育行政主管部门要求的前提下，规划、制定、执行好学生奖惩管理制度，对于激励学生成长、成才，把学生的思想和言行约束在社会、国家、学校以及大学生群体允许的范围之内，具有十分重要的现实意义。

一、我国高校学生奖惩管理的现状

我国高校学生管理制度经历了较为漫长的发展过程。经过 60 多年的曲折发展，我国基本上形成了特色鲜明、体系健全的学生奖惩制度体系。

（一）我国高校学生奖惩制度的发展沿革

我国高校学生奖惩制度主要经过了以下几个重要发展时期：

中华人民共和国成立初期至20世纪60年代初,是我国高校学生管理制度的初创时期。这一阶段的学生管理制度建设,主要是对学生学籍管理的主要方面根据需要分别予以规定。在1966年至1976年,我国高校学生管理制度遭到严重破坏,学生的奖惩管理也严重失范。1977年,我国重新恢复高考制度,学生管理制度需要全面恢复、建立和加强,为此,原教育部于1978年12月13日颁布了《高等学校学生学籍管理的暂行规定》,对学生学籍管理的各个环节进行了系统的梳理和规范,它是我国第一份系统规范高校学生学籍管理的规范性文件,也是我国第一份系统规范高校学生管理的规范性文件。经过不断地充实和完善,原教育部于1983年1月20日颁布了《全日制普通高等学校学生学籍管理办法》,该办法是对中华人民共和国成立以来我国高校学生学籍管理实践的理性总结,是我国高校学生管理制度建设的重要成果。从某种意义上讲,它是我国精英型高等教育学生学籍管理的范式。

20世纪80年代末至90年代初,是我国高校学生管理制度初步法制化和全面建设时期。其主要标志是:①1990年1月20日原国家教育委员会以规章的形式颁布了《普通高等学校学生管理规定》,该规定是具有相应法律效力的行政规章,在学生的奖惩方面也做了比较详细的规定。1995年颁布的《中华人民共和国教育法》和1998年颁布的《中华人民共和国高等教育法》以法律的形式赋予了学校对受教育者进行学籍管理、实施奖励或者处分的权力。②在这一时期,国家出台了一系列有关高校学生管理的配套文件。如原国家教育委员会于1989年11月17日颁布的《高等学校学生行为准则(试行)》,于1990年9月18日颁布的《高等学校学生安全教育及管理暂行规定》,于1993年12月29日颁布的《普通高等教育学历证书管理暂行规定》及其实施细则和于1995年颁布的《研究生学籍管理规定》。进入21世纪,随着我国高等教育的发展变化和法制化建设的逐步完善,1990年原国家教委颁布的《普通高等学校学生管理规定》显露出了诸多不适应之处。

教育部根据我国社会和高等教育发展的需要,经过多年的修改,多方征求意见,数十次易稿,于2005年3月25日颁布了新的《普通高等学校学生管理规定》,其中涉及学生奖惩,尤其在学生违纪处理部分做了重大修改,确立了一系列依法治校、维护学生合法权益的新规则,主要有四点:一是明确了学生的权利与义务;二是更加明确了学生违纪处分的标准;三是更加规范了学生的违纪处理程序;四是确立了学生的权益救济制度。

(二)高校学生奖惩制度创新的背景

高校学生奖惩制度的创新是依法治校的必然要求。我国在由计划经济体制向市场经济体制的转变过程中,逐步确立了大学的法律地位。我国高等教育法明确了高校的法人资格,并规定了公立高校实行党委领导下的校长负责制,一方面赋予了高校诸多的办学自主权,另一方面也强化了对高校管理的监督。在这种监督体系中,一个重要的方面就是法制监督,要求高校的一切管理制度和管理行为必须在国家法制的框架内制定和实施,不能随意超越国家的法律制度,更不能违背国家的法律规定,提高了学校管理的法制化水平,做到有法可依、有章可循。而法治的总体趋势是保障公民权利、限制公共权力、增进公共福利和实现社会公正。因此,高校学生奖惩制度要根据这种法治理念,改变过去只重视学校公权使用、忽视学生私权维护的状况,在赋予学校公权与限制学校权力之间寻求平衡点,并把它作为学生奖惩制度设计创新的突破口。

高校学生奖惩制度的创新是当前大学学生管理实务中面临的诸多问题的现实需求。高校屡屡被自家学子推上被告席已成为社会各界关注的热点、难点问题之一。面临越来越多的校生之间的司法纠纷,教育行政主管部门和高校开始反思管理制度本身,重新审视制度里某些规定的合理性和制度实施程序的合法性问题。一时间,高校学生管理问题成了热门课题,学者们不断从教育、法律、管理等视角开展研究,就学校和学生的权利与义务、高等学校的法律地位、学校与学生之间的法律关系、学校公权使用与学生私权维护、学生权益救济渠道等问题进行了广泛的讨论,提出了不少建设性观点。这些对于高校学生奖惩制度的创新都具有启发和借鉴意义。

二、正确把握大学生奖惩制度创新的基本理论问题

在创新高校学生奖惩制度时,我们必须要正确把握奖惩的基本概念、奖惩的原则和奖惩的功能等基本理论问题。

(一)奖惩的基本概念

1.关于奖惩的不同释义

关于奖惩,在不同的背景下使用时有不同的解释。一般认为,"高校学生奖惩制度"所指的"奖惩",主要包括两个方面的内容:一是奖励,二是惩处。关于"惩"的解释有不同的观点,有学者认为解释为"惩戒"更具人本精神;我们认为,高校学生奖惩制度制定的依据是《中华人民共和国高等教育法》《普通高等院校学生管理规定》等一系列法律、法规。这些法律、法规不同于一般意义上的企事业单位根据自身发展需要制定的内部管理规定,"惩戒"作为行政术语,不适合用于解释法律行为;"惩处"作为法律术语,用于解释高校依法规制定的管理规定更严谨、更具科学性。

2.奖励与惩处

奖励,就是指通过利用外部诱因,从正面肯定人的思想、行为中的积极因素,以调动人的积极性和创造性。惩处,是指从反面否定人的思想、行为中的消极因素,根据不良行为的情节轻重和纪律规定给予人教育或处理,以达到使人明辨是非、纠正错误、促进人的转化的目的。

3.奖惩激励

所谓奖惩激励,就是指通过奖励和惩处的手段来调动人的积极性或限制其错误行为。从管理学的角度看,奖励与惩处的目的均在于激励被管理者在特定群体、特定组织

系统中发挥积极作用,为完成群体所在组织的共同目标做出良好的成绩。正激励与负激励,也能影响人们的内在需要与动机,从而能够强化、引导或改变人们行为的反复过程。

高校学生奖惩激励,是指通过奖励和惩处这两个外部条件来调节、规范和促进大学生在思想、言论和行为上按照党的教育方针、高校学生管理规定和大学生行为准则等去实践。

4. 奖惩制度

高校学生奖惩制度,是指为实施奖惩激励,由教育管理部门或高等学校通过一定的程序而制定的一系列规章、条例等。从高校学生奖惩制度调节的范畴看,高校学生奖惩制度所调节的是高校这一特定法人与作为受教育者的公民之间的关系。在这个意义上,我们认为,用"惩处"这一法律术语比用"惩戒"这一行政术语来解释"高校学生奖惩制度"中的"惩"更为合适。

(二)高校学生奖惩制度实施的原则

高校学生奖惩制度的实施,应体现公开平等、准确适度、适时适境、管理与教育相结合、民主合法、反馈发展六个基本原则:

1. 公开平等原则

公开平等是公正的前提和基础,也是一切制度化、规范化管理的基本要求。只有是公开的,才是广大学生能够参与的;只有是平等的,才是绝大多数人能够接受的。公开要求高校在规章制度推出后,要大力宣传并组织全体学生学习讨论,明确奖惩制度与意义,了解具体内容和实施办法,从而使他们既明白自己的权利,也知道应该履行的义务,提高参与意识和热情。奖惩结果要公开布告,便于学生监督,有利于结果的公正可信,也有利于学生更好地了解比照,达到激励和警示的目的。要求我们严格按照条例规定和程序办事,不能因人而异,要体现全体学生的共同利益。

2. 准确适度原则

奖惩不准确会导致群体内部产生不健康的道德关系和社会心理关系。获奖者没威信,不能让人信服;受处分者有人同情叫屈,不能在心理上产生震动。因此,高校管理者在实行奖惩时必须对奖惩对象和事件进行深入、细致、充分的调查了解,掌握第一手材料,以客观事实为依据,以相应的规章制度为准绳,绝不能言过其实,夸大功过。

3. 适时适境原则

在时间方面,高校管理者要善于正确运用及时性强化和延缓性强化。对于奖励和大多数违纪事件的查处,要迅速及时,奖励能收到"趁热打铁"的良好效果;处分能控制歪风邪气事件和人数的增加,以免造成"法不责众"的尴尬。对于一些学生因冲动和无意的违纪行为,要尊重学生自尊和正当的心理需求,避免因"热处理"不当而产生差错和负效应;要根据奖惩性质和层次的不同,注意选择、利用和创造合适的环境,以期学生产生最佳的心理效应,增强奖惩教育的感染辐射效果。

4.管理与教育相结合原则

高校学生管理要贯彻育人为本的原则。在奖惩过程中要坚持把宣传、教育和疏导作为一条贯穿全过程的主线，对行为主体进行细致准确的教育引导，还要善于举一反三。高校管理者要通过正反两方面典型例子的分析解剖对其他学生进行宣传教育，使学校的规章、制度真正让学生入耳、入脑，从而能自觉地"见贤思齐""见不贤而内自省"，达到表彰一个带动一片，处理一个教育一批的效果。

5.民主合法原则

奖惩工作要遵循民主的原则，符合和保护广大学生的根本利益，要把教育者的指导作用和民主平等的双向交流很好地结合起来，使教育对象在心情舒畅、心悦诚服的心境中接受教育和感染，教育者也能够从中得到有益的启发。随着社会主义法制的不断完善，大学生的法制观念在不断加强，他们已越来越懂得用法律来保护自己的合法权益。因此，高校在制定、执行各项规章制度时必须符合法律规定，与国家的法律、法规保持一致，不得抵触。

6.反馈发展原则

奖惩工作的最终目的是在学生中形成比、学、赶、帮、超的积极向上风气。人的品行是一个不断发展、变化和完善的动态过程。从整个思想政治教育的过程来说，一次奖惩结果既是前一段的终点，又是新的教育过程的起点。建立反馈机制、收集反馈信息是落实奖惩效果、提高教育作用水平的重要环节。螺旋式、波浪形前进是学生成长、成才的客观规律，教师要用全面发展的眼光看待每一个学生。同时，高等教育改革和发展迅速，高校的合并联合、完全学分制的推出、走读制和后勤管理社会化的实行等都对学生管理工作提出了许多新的问题，需要高校学生工作者不断深入进行调研分析，不断修改、完善学生管理规章制度，以适应社会发展对学校工作的要求。

（三）高校学生奖惩激励的功能

高校学生奖惩的主要功能包括以下四个方面：

1.导向功能

奖惩系统的一系列条文规章，既是学生在校学习生活的行为规范，又是高校办学指导方针、办学任务目标、人才培养规格要求的具体体现。因此，无论是组织学习和宣传奖惩条例，还是实施奖惩管理的过程，都鲜明地表达了校方在鼓励和倡导什么，反对和制约什么，给学生指明了明确的努力目标和方向，提出了应注意克服和避免的薄弱环节，对学生群体的思想观念和行为习惯有重要的导向性作用。

2.管理功能

奖惩制度作为大学生管理系统的规章制度之一，是对大学生的学习求知、社区生活、文化娱乐、素质发展等进行能动管理的重要依据，奖惩工作能否紧紧围绕育人指标有效开展,直接影响到正常的校园秩序的维护、良好的育人环境氛围的营造、积极向上的校风学风的建设等。

3.教育功能

对学生实施奖惩的过程,既是管理的过程,更是教育的过程。奖是为了鼓励先进,促使学生先进更先进,后进学先进,更多的人一起进步;惩是为了鞭策后进,促成其转化、提高,所以对奖惩过程中的每一件事和每一个环节,都应进行认真、负责、民主和实事求是的调查分析。只有对奖惩对象进行深入细致的思想教育,才能使这种目标化管理的标准和水平不断上升,使奖惩对象处于不断进步过程中。

4.比照功能

大学生虽然年龄相近,有相似的成长经历和思维方式,但由于成长的环境和具体过程不尽相同,从而形成了思想观念、心理状况、人格特征的差异性,兴趣爱好的广泛性,知识水平和言行修养的层次性。"榜样是无声的力量""以人为镜,可以明得失",奖惩工作的开展,树立了正反两方面的典型,使每个学生都可从别人的举止中得到启发,进行自我解剖与对照,扬长避短,在自我比照中日臻完善。

(四)高校学生奖惩激励的心理机制

有效的管理制度离不开被管理者在心理上对制度本身及其实施过程、结果的认知度和认同度。换言之,高校学生奖惩制度效用的发挥离不开与之相适应的奖惩激励心理机制。

1.学生奖励的心理策略

分析表明,由于及时的强化很容易使被测试者把活动和结果结合起来,并认识到反应与强化的相依关系,一旦他们察觉到自己活动的结果(尤其是他们期望的结果)或认识到反应与强化的相依关系,他们的活动积极性就会大大增强。因此,对学生的奖励要力求及时完成,这样会取得相当好的效果。在奖励过程中可采取定期奖励与不定期奖励相结合的方式,奖励必须符合学生的需要。同时,奖励也不能滥用。大学生本可以兴趣盎然地进行某种活动,如果给他们一定的报酬,那么在后来得不到报酬的情况下,他们就会失去对这些活动的浓厚兴趣。过度的奖励会使学生产生对奖励的依赖心理,不必要的奖励会削弱学生的内在学习动力。学生内在的学习兴趣是真正的动力,具有稳定而强烈的作用,是最宝贵的。如果学生没有形成自发的内在学习动力,那么教师采用外界激励的方式,达到推动学生学习积极性的目的,这种奖励是必要的。如果学习活动本身已经使学生感到很有兴趣,那么此时再给学生奖励,就会画蛇添足,其结果不仅不能提高学生的学习积极性,反而会使学生原有的学习热情降低。

2.学生惩处的心理策略

第一,实施惩处要及时。如果实施惩罚与学生的违禁行为同时进行,则学生的这种违禁行为一开始就会与焦虑、恐惧联系,从而使学生为避免焦虑或恐惧而不得不及早终止违禁行为。如果在学生的错误行为发生后进行惩罚，则效果会明显降低。尽管学生因行为的结果受到惩罚而体验到痛苦，但如果过程是吸引人的，则这种行为下次发生的可能性仍然较大。如果在学生的错误行为发生后很长一段时间内都不对学生的错误行为进行惩罚，则会产生更多的负面影响。第二，实施惩处要适度。一般认为，较轻的惩罚不如较重的惩罚有效，但是实践证明一些较重的惩罚却往往会带来一些不良后果，因此在实施惩罚时要有度，心理学家称之为"阈值"。低于阈值的惩罚，对学生不起作用；高于"阈值"又会使学生的积极性变得脆弱或引起学生的焦虑。第三，实施惩处要准确。对学生进行惩罚的负面影响予以准确的界定，要对学生的错误行为及产生的后果分类采取合适的惩罚方式，要把握惩罚的准确度，这样才能使学生心服口服，惩罚的效果才会体现出来。第四，实施惩处要一致。对学生的惩罚采用的标准和方式要一致，要具有连贯性和长期性，不能因对象、环境等因素的变化而采用不同的标准和方式。如果随意变化，惩罚就很难维持下去，也会丧失其存在的价值。第五，实施惩处要与讲清道理相结合。说理的作用就在于使受罚者进一步体验到认知上的不协调，从而增大态度转变的心理压力。因此，在实施惩罚的同时晓之以理，动之以情，会提高惩罚的有效性。第六，实施惩处时要注意掌握度，不能滥施惩罚。过度惩罚会使学生产生恐惧心理，导致退缩、逃避或说谎行为的发生；会使学生产生压抑心理，从而有碍其智力和创造力的健康发展。不当的惩罚会降低学生的"内在惩罚"力度，会使学生产生对抗心理，导致师生关系紧张。

三、创新高校学生奖惩制度应处理好的关系

高校学生管理制度创新是一个庞大、复杂的系统工程。在构建和谐社会，强调依法治校，倡导以人为本的现代社会，创新高校学生管理制度首先要正确处理好以下四个方面的关系：

（一）正确处理法治介入与大学独立和自治之间的关系

大多数法学学者对高校学生管理法治介入持一种积极与肯定的态度，但学术界对此观点存在不同的声音，即：担心外部权力借此机会，以司法的名义干涉大学的独立，对学术自由与独立产生某种不良的影响。这种担心或反对所要表达的实质就是如何正确处理法治介入与大学独立和学术自治这一对矛盾；换言之，就是高校学生管理工作在法治介入下如何区别对待行政权力和学术权力的问题。

不可否认，在教育、科研领域，特别是在学术事务和学术管理活动较多的高等教育领域中，存在着学术权力与行政权力并存的现象。在高校组织内部，既有以校长为首的行政权力，又有以著名专家学者群为代表的学术权力。那么，在学校、教师与学生的关系中，教师根据什么来判定学生的成绩？这个成绩很可能关系到学生能否毕业，关系到学生受教育的权利能否进一步实现以致影响学生的生存权与发展权。学位答辩委员会又根据什么来判定一篇论文能否获得通过？而通过与否，又直接关系到答辩人能否获得学位，

同样关系到其受教育权利的实现及其未来的生存与发展。在学校与教师的关系中，评定教师职称或导师资格的组织根据什么来判定一名教师的学术水平？显然，以学术为背景的支配与被支配、控制与被控制的现象是普遍的，权力作为一种职责范围内的支配力量，在有关学术评价的问题上是客观存在的。正如克拉克先生所言："专业的和学者的专门知识是一种至关重要的独特的权力形式，它授予某些人以某种方式支配他人的权力。"

学术权力与行政权力两者有着本质的区别。学术权力是以学术和具有学术能力的专家为背景的，其行使依赖于行使者的学术水平和学术能力，而不是来源于职务和组织。换言之，学术权力的存在与否，依赖于专家的性质及其学术背景而不依赖于组织和任命。学术权力产生于"学术权利"及其民主形式，包括个人的学术权利及由享有学术权利的个人集合而成的组织。

行政权力则只能产生于制度和正式组织。学术权力有时通过行政权力加以确认和形式化，但行政权力即使在被赋予管理学术事务的职能时，仍不具有学术权力。学术权力具有可比性。当学术权威以个体形式表现时，其学术权力的大小是以其学术能力的高低来衡量的，即个体的学术修养、学术成就、学术经验和学术品格等都会构成衡量指数。决定行政权力的大小，则取决于该行政权力组织在整个管理教育系统中的层次与位置，而不取决于该组织中或相应位置上个人能力的高低。

美国学者伯顿·R·克拉克教授认为："专业权力像纯粹官僚权力一样，被认为是产生于普遍的和非个人的标准。但这种标准不是来自正式组织而是来自专业。它被认为是以'技术能力'而不是以正式地位导致的官方能力为基础的。"承认并尊重学术权力，给学术权力以应有的地位和权威，建立发挥其效能的制度保障机制，合理规范学术权力与行政权力各自发挥的领域和范围，使二者在学术管理活动中建立一种有机分工、合作与制约的关系。不承认"学术权力"的存在及其发挥作用的独特领域，势必导致把本应由学术权力发挥作用的领域让位于行政权力，使行政权力的作用陷入一种受到质疑和挑战的尴尬境地。在刘某某诉北大一案中，当原告方提出"一个学界泰斗面对他所基本不懂的学科争议时，与北京大学学生五食堂的师傅并没有什么区别"的时候，他所挑战的实际上并不是北京大学学位评定委员会是否具有进行裁决的行政权力，而是对这个组织是否具有学术权力的质疑。专家们关于学位评定委员会行使的应该是实体性审查权力，还是程序性审查权力的争论，实质上是关于学位评定委员会除了行政权力，有没有学术审查权力的问题。即由多学科专家所组成的学校学位评定委员会有没有学术裁决能力？由于现行法律赋予了高校学位评定委员会某种程度的实体性审查权力，因此，这个问题同时是对现行学位制度合理性的质疑和挑战。显然，一个不具有学术权力的组织是无法对学术问题做出判断的。

高校学生管理工作法治介入的适度性，要求我们认清两种权力不同的运行轨迹，将法治介入的基点落在行政权力上，避免对学术权力的不当干涉。当然，按照"无救济则无权利"的法治原则,学术权力同样需要受到一定的限制和审查。但由于学术权力的高度专业性和技术性,法官只是专于诉讼程序操作和认定事实规则的技术方面,而不能超越自己的专业知识和经验,显然不适于对学术权力的审查。恰如审理刘某某诉北大案的北京海淀区法院饶亚东法官在学术沙龙上所宣称的:"对于学术界的理论问题法院能否审理?通过庭审,我们的回答大家应该知道了,法院审的就是法律规定、法律程序。法院判决不能涉及学术领域,学者有自己的自由。"因此,有人提出,学术纠纷只有通过由专家组成的仲裁机构来解决。

(二)正确处理大学与政府之间的法律关系

大学法律地位的确立,实现大学与政府关系的法律化,明确大学与政府各自的权限职责,是高校学生奖惩制度的法制化建设,推进高校学生奖惩制度创新的基本条件。按照《中华人民共和国教育法》和《中华人民共和国高等教育法》的规定,高等学校具有"依法自主办学""按照章程自主管理"的权利,而同时法律又规定"国务院统一领导和管理全国高等教育事业""省、自治区、直辖市人民政府统筹协调本行政区域内的高等教育事业,管理主要为地方培养人才和国务院授权管理的高等学校"。那么,高校与政府之间究竟是一种什么样的法律关系呢?从新颁布的《普通高等学校学生管理规定》来看,直接涉及教育行政部门职责的有14款,概括起来主要涉及学生身份的认定、调整和改变;业务工作的开展,即对地方学校学生管理规定的审查,中央部委属学生管理规定的知晓,对属地高校学生管理工作的指导、检查和督促;其他如学生表彰、学生申诉处理和就业服务等。这些职责即是教育行政部门的管理权力,而其权力的直接指向就是高等学校,即教育行政部门的权力就是高等学校应当履行的义务。但高等学校不同于其他事业单位,它作为一种特殊的公共机构,具有培养人才、研究与传播学术的特殊使命,在这方面它应该有一定的自治权。如果管得过严,高校就会失去学术自由,这有悖于大学的宗旨和精神。因此,教育行政部门对高校的监督、指导和审查,在学术研究和评价等方面一般不过多介入,以维护学校的学术独立性。即使在一些学生管理的具体规定上,也应该留给高校足够的管理空间,如新《普通高等学校学生管理规定》就有5处直接明确为"由学校规定",有13处明确为"按学校规定"执行,实际就是放权给高校,由高校按照学校办学特点自主决定学生的培养年限、评定方式、专业设置和调整、学籍管理等。

高校向教育行政部门履行一定的义务的同时也享有一定的权利,义务和权利是共生的,即学生管理权。这种权利和教育行政部门的权力一样是一种公权,它们不同于私权可以自由选择或放弃,而是必须行使的。高校拥有了学生管理权,即在学生管理中取得了一种法律地位,这种法律地位不同于教育行政部门或其他行政机关的单纯的行政机构或构成行政法律关系,而是"根据公法规定而成立的法人,以公共事业为成立目的"的公法人。高校作为公法人在行使管理职能中处于行政主体的法律地位,这种法律地位一方面来自法律规定,另一方面来自政府授权,而且范围比较狭窄,仅限于学校的招生权、学位授予权、职称评审权、奖励与处分权。高校在民事活动中依法享有民事权利，承担民事责任，因此，如果高校对学生造成人身权、财产权等损害时，则学生可依照《民法通则》和《民事诉讼法》提起民事诉讼。

（三）正确处理学校与学生之间的法律关系

从法律上厘清和在管理实践中确定学校与学生之间的关系，是高校学生奖惩制度创新的关键。对高校与学生之间的关系问题，学术界存在各种不同的观点。我们认为，高校与学生之间既是一种隶属型的行政法律关系，又是一种平权型的民事法律关系。我国高校作为公益事业法人，其基本职责是人才教育培养和学术研究与传播。高校为了保证自己的学术研究自由，必须有一套相对独立的管理保障制度体系；为了促使学生向着符合社会要求的方向发展，必须对学生进行有效的组织与管理，以保证教育活动的顺利展开。因此，高校与大学生的关系具有两重性：一方面大学生作为受教育者和被管理者，必须接受学校的教育与管理；另一方面大学生作为国家的公民，享有法律规定的基本权利。所以，二者的关系既是教育者与被教育者、管理者与被管理者的关系，又是平等的民事主体关系。

（四）正确处理学生的权利与义务的关系

当代大学生的维权意识日益增强，他们不再是单纯的被管理者，也不再是消极的义务履行者。义务和权利不可分离，人们只有在享受了一定的权利下，才会积极地履行相应的义务。因此，现代高校学生管理必须首先树立权力至上的理念，保障学生法定权利的实现。学生的权利，属于私权，在教育部新颁布的《普通高等学校学生管理规定》中既规定了高校学生特定的5项权利，也规定了大学生享有作为一般公民的权利以及法律、法规所特别规定的学生应当享有的权利。作为私权，学生可以自主处置，既可以享有，也可以放弃，但不能被强行剥夺。高等学校实施学生管理也是一种权利，但这种权利是一种公权，是高等学校作为公法人，由一定的法律和行政机关赋予的，本质上是由人民让渡的权利。作为公权，不得放弃，如果高校放弃了管理权利的行使，就意味着放弃了义务的履行，意味着不作为，属于行政过失。为保证学校管理权的正常行使，作为管理对象——学生应当给予一定的配合，这种配合即属于学生应当履行的义务。

四、高校学生奖惩制度创新机制

（一）高校学生奖惩制度创新机制

推动高校学生奖惩制度创新的重点是要建立起以下四个机制：

1.动力机制

变化是创新永恒的动力。当一个组织面临环境的变化，认为自己还足以应付时，它的创新愿望可能不会被有效激发。只有当它意识到凭借现有的组织结构、制度或能力不足以应付变化的环境,感到有危机时,创新愿望才可能被激发。总之,"现状"是创新的发动机。我国高校学生奖惩制度在运行几十年以后,制度本身与"现状"出现了极大的冲突,依靠微调已经不能弥补其间的裂隙。高校学生奖惩制度尤其是学生违纪处理条例,在管理实践中已经产生了危机感,必须进行根本性的变革,制度创新应运而生。

2. 决策机制

制度创新的具体实施在于基层,而创新决策取决于领导层。领导层本身的思维和营造的环境气氛对创新具有巨大影响力。创新需要时间,并且往往会遇到一定程度的阻碍和抵制,因为创新不仅是简单地改变完成一件事情的方法,更是行为方式和思维方式的深层次变化。既然行为模式不可能在一夜之间发生变体,那么高校就不可能通过命令来实现真正的创新。创新同样是一种思维模式,是一种对现状经常持有怀疑态度的习惯,它绝对不会想当然地把过去行得通的做法用于现在的情况。因此,高校学生奖惩制度的创新,一方面来自"现状"的压力;另一方面来自领导层不断探索和实验的习惯,以及由领导层的示范效应而带给所有人的敢于创新、乐于创新的气氛,并创造条件使得人们调整因创新而发生的思维和行为方式的变化。

领导层的决策还在于对创新结果的选择。人们的创新结果可能很多,有的也许相互矛盾。在这些备选结果中,哪些要保留、哪些要放弃,领导层对此必须做出决定。而一旦做出了决定,选择的创新结果进入了制度范畴,下面的基础组织就必须执行,尽管这种制度可能还存在某些不完善之处。

3. 反馈机制

创新结果是否适应现状和未来发展必须经过实践的检验,考察其适应性和可行性。因此,创新的后期工作总是要回顾上一次的结果,反问哪些方面是成功的,哪些方面没有达到应有的效果;然后保留成功的方法,在上一次没有达到预期目标的地方尝试不同的思路和做法。高校学生奖惩制度创新实践必须通过反复的调研、比较,在许多预选方案中选择最适宜的方案,并且要不断回馈实施的信息,以验证方案的可行性。

4. 调整机制

制度创新不可能一蹴而就,它是在反复调整、不断修正中完善的。高校学生奖惩制度关系到学生的切身利益,每一项条款都必须慎重,要根据反馈结果显示的制度与现状的差距适时实施调整。而调整的依据如下:一是国家的法律法规;二是高校学生实际情况的变化;三是高等教育和高等学校管理的实际。调整的核心是围绕学生的权益保护,调整的目标是在学校管理与学生权益之间寻求动态平衡点。

(二)高校学生奖惩制度的创新实践

(1)在学生奖励方面,从过去较单一的形式(如"三好生")向多层次、多形式(综合奖、单项奖)转变。我国高校的学生奖励制度比较注重共性,往往忽视个性发展。大多是千篇一律的"三好学生""优秀学生干部"或"先进班集体"等评选,沿袭了十几年甚至几十年,其激励的边际效应已经大大降低。为了有效发挥奖励的激励作用，高校可以采取定期奖励与不定期奖励相结合、综合奖励与各类单项奖励相结合的方式，每年都在学生中大力开展"争先创优"活动，集中表彰一批在活动中表现突出的先进集体和个人；根据学校参加和组织的一些大型活动，适时地奖励一批表现突出的学生集体和个人。在奖励评定标准方面，既注重考察学生的综合素质，对德智体美等全面发展的学生进行综合奖励，制定综合奖励评定条例，设立综合奖学金、优秀学生奖励等；又鼓励学生的个性特长的发挥和发展，制定各类单项奖评定条例，对在文艺体育、科技学术、社会实践、社会服务和见义勇为等方面表现突出的学生进行奖励，尤其对获得国际级或国家级奖的学生实行重奖。同时，规范表彰奖励的评定程序，严格标准、严格推荐、严格审查、严格公示，不允许暗箱操作，凡是校级以上的奖励评选必须上网公示，接受全校师生的监督。只有如此，才能形成点面结合、层次分明、公开透明的学生奖励机制。

（2）在学生处分制度方面，首先取消和修订一些与我国的基本法律制度和教育部新颁布的《普通高等学校学生管理规定》相违背、不一致的条款。其次，要确立学生违纪处理条例修改的基本原则和要求，要体现育人为本的思想。条款要符合教育部的有关规定，符合学校的实际情况，符合教育发展规律；条款制定宜细不宜粗，以便于操作；对学生处理宜宽不宜严，重在教育；处理材料宜实不宜虚，减少随意性。再次，强化程序规范，确立学生权益救济渠道，建立学生申诉制度，成立学生申诉处理委员会。最后，对毕业生违纪处理中的特殊情况在不违背国家有关规定的条件下，进行适当的变通处理。

五、高校学生奖惩制度创新的环境条件与制约因素研究

创新需要跨越原有的界限，作为制度创新者首先要意识到这些界限的客观存在。因此，认识制度创新的环境条件以及由此产生的制约因素是非常重要的，它可以帮助我们选择正确的创新方向，拟定合适的创新目标与任务。

（一）高校学生奖惩制度创新的环境条件

制度创新的环境条件包括三个层面：一是制度本身的环境，包括它的历史、构成、功能等；二是制度所处行业的环境，包括行业特点、发展前景和行业规范等；三是制度所在地区和国家的环境，包括国家的制度、政策、管理理念等。具体到高校学生奖惩制度创新，在环境认识中我们要分析我国高校学生奖惩制度的发展沿革，这种制度在我国高等教育发展中的地位和作用，制度的优点和潜在的缺陷等；我国高等学校学生管理的特点和规则，学生管理制度的范式，在整个高等教育中的地位等；我国的政治、经济、教育、法律制度环境，以及我国高等教育发展的现状和趋势等。

（二）高校学生奖惩制度创新的制约因素

我国高校学生奖惩制度所处的以上环境条件，规定了其创新过程中的制约因素。并

非所有的制约因素都是创新不能逾越的界线，随着社会的变迁和发展，创新就是要突破某些制约，把一些制约因素作为创新的突破口。如高校学生管理规定突破过去高校管理重视学校利益的维护，忽视学生权利的保护，专门对学生的权利与义务做出规定；突破过去对学生婚姻状况的限制，取消了相应的条款规定等。当然，也并非所有的制约因素都是创新可以逾越的，高等学校的教育目标任务、国家的政治法律制度不能违背或超越，这些是我们在进行学生奖惩制度创新中必须遵循的基本原则。同时，学校内外客观存在的一些因素也影响着高校学生奖惩制度的创新和实践。例如，学校内部管理体制和机制的缺陷可能影响学生奖惩制度的正常运行；学生诚信意识的淡薄可能使得奖惩制度失去应有的激励与约束效力；学校外部周边环境管理不善和混乱与学校内部严格管理形成的反差，可能导致学生对学校管理规定的逆反和不信任等。这些有的需要学校自身的逐步完善，有的需要政府、学校、社会的共同协调和努力，为学生管理制度的创新与完善创造更好的内外环境。

参 考 文 献

[1] 刘建新,等.大学生生涯辅导 [M].上海:上海交通大学出版社,2006.

[2] 杨加陆,方青云.管理创新 [M].上海:复旦大学出版社,2003.

[3] 张正钊.行政法与行政诉讼法 [M].北京:中国人民大学出版社,1999.

[4] 张大均,等.大学生心理健康教育 [M].重庆:西南师范大学出版社,2004.

[5] 姜尔岚,吴成国.新编大学生就业实用指导 [M].成都:电子科技大学出版社,2004.

[6] 侯书栋,吴克禄.高校学生管理中的正当程序 [J].高等教育研究,2004(9).

[7] 姚木远,李华,张旭东.对我国高校学生奖惩制度的调查研究 [J].重庆大学学报(社会科学版),2005,11(1).

[8] 胡建军.高校学生社团存在的问题与思考 [J].黑龙江高教研究,2005(9).

[9] 林福兰.社会信息化对学校德育的影响与教育对策 [J].中国教育学刊,2001(2).

[10] 王伯军,邢广梅.网络时代思想政治教育初探 [J].思想·理论·教育,2001(8).

[11] 卢跃青.网络环境下学校德育探析 [J].教育理论与实践,2001(6).

[12] 林晓梅,陆水平.网络文化与大学生道德教育 [J].江苏高教,2000(4).

[13] 李庆广.高校计算机网络建设对大学生伦理道德的影响 [J].河南师范大学学报(哲学社会科学版),1999(5).